집중력이 낮은
우리 아이를 위한
공부방 환경
1등

공부방 환경

펴 낸 날 2019년 5월 17일

지 은 이	김혜정, 민숙동, 민연정, 박미경, 박영미
	박지영, 윤영식, 이연화, 이현수, 최승란
발 행 인	스터디룸스
펴 낸 이	이기성
편집팀장	이윤숙
기획편집	정은지, 이민선, 최유윤
표지디자인	정은지
책임마케팅	임용섭, 강보현
펴 낸 곳	도서출판 생각나눔
출판등록	제 2018-000288호
주 소	서울 잔다리로7안길 22, 태성빌딩 3층
전 화	02-325-5100
팩 스	02-325-5101
홈페이지	www.생각나눔.kr
이 메 일	bookmain@think-book.com

- 책값은 표지 뒷면에 표기되어 있습니다.
  ISBN 979-11-90089-12-8 (13370)

- 이 도서의 국립중앙도서관 출판 시 도서목록(CIP)은 서지정보유통지원시스템 홈페이지(http://seoji.nl.go.kr)와 국가자료공동목록시스템(http://www.nl.go.kr/kolisnet)에서 이용하실 수 있습니다(CIP제어번호: CIP2019016796).

Copyright ⓒ 2019 by studyrooms co.,Ltd All rights reserved.
· 이 책은 저작권법에 따라 보호받는 저작물이므로 무단전재와 복제를 금지합니다.
· 잘못된 책은 구입하신 곳에서 바꾸어 드립니다.

- 사진제공 : ㈜메인콘텐츠

스터디룸스

집중력이 낮은
우리 아이를 위한

공부방 환경

"공부환경컨설턴트가 들려주는 공부방 이야기"

김혜정 민숙동 민연정 박미경 박영미
박지영 윤영식 이연화 이현수 최승란

생각나눔

추천사

공자가 『논어』의 첫머리에서 "배우고 때에 맞게 익히니 기쁘지 아니한가?"라고 하였습니다. 공부라는 것은 배우는 때가 있고, 이러한 공부는 기쁨으로 이어져야 한다는 것을 느끼게 됩니다. 일반적으로 우리 아이들은 공부를 좋아해서 하는 경우는 많지 않습니다. 안 하면 친구들에게 뒤처지고, 부모와 선생님이 부족한 아이로 보지 않을까 하여 마지못해 하는 것을 공부로 여기지 않을까 생각합니다. 저는 우리 아이들이 공부는 지식 학습을 위한 경쟁의 수단이 아닌, 자신의 미래를 만들어가기 위한 노력의 과정으로 보길 바랍니다.

아이의 미래는 학교나 학원에서 습득하는 지식을 내 것으로 만들고, 지식을 바탕으로 새로운 것을 만들어내는 등 실천하는 데 있습니다. 이런 실천은 아이의 성향이나 특성과 관계없이 일률적으로 만들어진 환경 속에서 발휘되기는 어렵습니다. 단순히 공부만 잘하는 아이가 아닌 주도적으로 만들어내고 이끌 수 있는 아이로 성장시키기 위해서는 아이에게 맞는 환경을 구축하는 것이 무엇보다도 중요합니다.

저는 2012년부터 국내 1호 공부환경조성전문가로 활동하면서 수많은 학생을 만났고, 공부방을 분석하였습니다. 아이의 성향을 전혀 고려하지 않은 채 조성된 공부방에서 공부하도록 하는 것을 보면서 안타까움을 많이 느끼게 되었습니다. 이런 아이들이 공부방 환경의 변화를 통해 주도적인 아이로 변해가는 모습을 보면서 공부방 환경 조성이 족집게 과외 선생님이나 훌륭한 교재, 동영상보다도 우선이라는 것을 알게 되었습니다.

공부방 환경은 공부하는 아이에게는 가장 기본입니다. 기본이 제대로 되어있어야 다른 것이 더해졌을 때 제대로 쌓아 올릴 수 있습니다.『공부방 환경』책은 이런 의미에서 학부모들에게 단비 같은 책이라고 생각합니다. 이 책에 있는 공부방 환경 조성 TIP들을 아이 공부방에 하나씩 적용시키고 변화시키면 어느새 변화된 아이의 모습을 볼 수 있다고 확신합니다. 부디 많은 학부모님이 이 책을 통해 많은 도움을 받길 원하며 이 책을 추천합니다.

2019.4. 임 한 규

contents

PART 1
우리 아이 맞춤 공부방의 필요성

chapter 01
공부할 수 있는 공간은 여러 곳을 만들어 주세요

1. 맹모가 세 번 이사한 이유는?	14
2. 공부 환경이란 무엇일까	17
3. 효율적인 학습을 위한 공부 환경	20
4. 스터디 카페 공간의 비밀	23
5. 몰입과 기억을 극대화하는 불편한 환경	26
6. 아이에게 맞는 최적의 공간 찾기	29
7. 학습효과 높이는 공부 환경 만들기	32

chapter 02
책상 위치가 아이의 집중력을 좌우한다

1. 책상 배치에도 기술이 필요하다	36
2. 책상의 위치는 서늘한 북쪽에	40
3. 침대는 문에서 가장 멀리, 창문 근처에 두세요	43
4. 공부방에 필요하지 않은 것들	46
5. 형제, 자매의 공부방은 어떻게	51

chapter 03
고정형 의자를 선택하라

1. 공부방에서 가장 중요한 책상 — 56
2. 책상 유리를 없애라 — 59
3. 보조 책상, 이렇게 사용하자 — 61
4. 알고 선택하는 친환경 가구 — 67
5. 학습용 의자 선택은 어떻게? — 71
6. 책장은 아이의 눈높이에 맞게 — 74

chapter 04
오른손잡이, 왼쪽에 스탠드를 설치하라

1. 지나친 빛은 공해다 — 77
2. 생체 리듬에 맞춰진 인간 중심의 자연조명 — 80
3. 뇌파를 활성화하는 조명 — 82
4. 조명의 변화가 성적을 변화시킨다 — 84
5. LED 스탠드로 과목별 조명을 달리하자 — 86
7. 눈에 독이 되는 블루라이트 — 91
8. 스탠드는 전체 등과 같이 사용하자 — 95

PART2
눈에 보이는 습관, 눈에 보이지 않는 습관

chapter 01
공부방에서 버릴 것을 찾아라

1. 공간이 정신을 지배한다   101
2. 정리를 잘하는 아이가 성적도 좋다   104
3. 정리는 아이의 평생 습관   107
4. 책과 친해질 수 있을까   109
5. 집중력을 높이는 정리 Know-how   112
6. 아이의 눈높이에 맞는 청소 도구   118
7. 정리의 시작, 버릴 것을 찾아라   121

chapter 02
아이의 성향에 맞는 색상을 이용하라

1. 색상에도 힘이 있다   125
2. 색으로 느끼는 감정은 무엇?   130
3. 색상의 상징   135
4. 색으로 보는 우리 아이   143

chapter 03

소음형 엄마에서 대화형 엄마로 바뀌어라

1. 착한 소음, 백색소음을 아시나요?   156
2. 소음에도 컬러가 있다   158
3. 집중력을 높여주는 카페의 소음   161
4. 똑딱똑딱, 집중을 방해하는 소음 시계   168
5. 노래는 휴식 시간에, 이어폰보다는 스피커로   170
6. 은근한 스트레스, 저주파 소음   173
7. 외부소음, 막을 수 없을까   176
8. 소음형 엄마 vs 대화형 엄마   180

chapter 04

부모는 아이의 조력자이다

1. 환경에 따라 다르게 자라는 아이   184
2. 학습을 좌우하는 내적 동기   187
3. 우리 아이 성향에 맞는 공부 환경   193
4. 매니저가 아닌 컨설턴트가 되어주세요   198
5. TV 시청과 컴퓨터 게임 어떻게 하면 좋을까?   201

PART3
기억력과 집중력에 도움이 되는 요소

chapter 01
기억력과 집중력 향상에 필요한 영양소를 먹여라

1. 아이의 뇌에 좋은 음식 이야기	206
2. 보이지 않는 힘 향기	217
3. 편안함을 주는 향기	219
4. 호흡기에 도움을 주는 향기	222
5. 집중력 향상에 도움을 주는 향기	224
6. 공부방에 도움이 되는 식물들	229

chapter 02
부족한 2% 풍수를 활용하라

1. 풍수가 뭐기에?!	232
2. 우리 집 풍수는 몇 점?	234
3. 풍수, 믿지 말고 현명하게 이용하자	235
4. 공부방 환경을 풍수로 마무리하자	237
5. 아이 유형별 공부방 풍수 인테리어	240
6. 풍수에 어울리는 그림	244
7. 동서남북, 내 아이에게 맞는 방향을 찾아라	246

맺음말

Part 1

우리 아이 맞춤 공부방의 필요성

Chapter 01

공부할 수 있는 공간은 여러 곳을 만들어주세요

1. 맹모가 세 번 이사한 이유는?

©Getty Images Bank

"맹모삼천지교(孟母三遷之敎)"라는 말이 있습니다. 처음에 맹자네 집은 공동묘지 근처에 있었는데, 맹자는 날마다 장례 지내는 모습을 흉내내며 놀았습니다.

이에 맹자에게 적합하지 않은 환경이라고 생각한 맹자 어머니는 다른 곳으로 이사를 했습니다. 그런데 그 동네는 시장 근처여서 맹자는 날마다 장사하는 놀이를 하는 것이었습니다. 맹자의 어머니는 다시 서당 부근으로 이사했습니다. 그곳에서는 맹자가 날마다 공부와 관련된 놀이를 했다고 합니다.

맹자의 어머니가 아들의 공부 환경을 위해 세 번이나 이사하지 않았더라면 중국 역사에서 맹자의 이름을 찾기 어려웠을 것입니다. 서당 옆으로 이사했기 때문에 훗날 뛰어난 학자가 되어 이름을 널리 알릴 수 있었습니다.

그만큼 아이가 성장하는 데 있어서 환경의 영향을 많이 받고, 중요한 요인으로 작용하는 것을 보여주는 예입니다. 또한, 공부할 때도 좋은 공부 환경을 조성해야 비로소 공부를 꾸준히 할 수 있게 된다는 교훈을 오늘날 우리에게 주고 있습니다.

맹모삼천지교에 대해 '너무 극성맞은 거 아니야?'라는 생각을 하는 분들도 있겠지요. 또, '맹모가 극성이었으니 고사성어가 되어 후대에까지 전해지는 것이겠지.'라고 생각하는 분들도 있을 것입니다. 그런데 곰곰이 생각해보면 21세기 부모님들의 교육에 대한 열정과 자식 사랑이 더했으면 더했지, 맹모의 교육에 대한 열의에 결코 뒤지지 않습니다.

강남의 집값이 상승하고, 밤 10~11시에 대치동의 학원가 앞이 아이를 픽업하러 온 부모들의 승용차로 북새통을 이루는 이유는 무엇일까요?

가장 큰 이유는 우리 부모님들이 아이들에게 조금이라도 좋은 교육환경, 공부 환경을 제공해주고 싶어 하기 때문일 것입니다. 물론 여기에는 시대적, 지리적, 경제적 배경도 영향을 미쳤습니다.

좁은 땅덩어리와 빈약한 자원, 많은 인구라는 악조건 속에 이루어진 경제성장은 국내 인재들끼리의 무한경쟁으로 이어졌습니다. 또한, '교육의 힘'에 대한 맹목적인 믿음이 생겨나고, 더불어 세계에서 학생들의 공부하는 시간이 가장 많은 나라로 알려지게 되었습니다.

이런 현실 속에서 우리 부모님들은 진지하게 고민할 것입니다. 어떻게든 내 자식은 더 좋은 교육 환경에서 교육해야 한다며 은행 대출까지 받아 강남으로 이사가고, 좋은 학원 수강 신청을 위해 새벽부터 아이 대신 줄을 서고 있습니다.

여기에서 부모님들이 간과하는 중요한 요소가 한 가지 있습니다. 그것은 바로 **아이의 공부방**입니다.

©Getty Images Bank

'공부하기 좋은 공간'에 대해 신경을 쓰지 않는다는 것은 크나큰 아이러니가 아닐 수 없습니다. 아이에게 긍정적인 영향을 줄 수 있는 가장 기본적인 공부 환경에 대해서 부모들은 과연 얼마나 세심하고 구체적인 배려와 조처를 했는지 생각해볼 문제입니다.

환경은 인간에게 많은 영향을 주기에 학습 효과를 올리기 위해서는 좋은 공부 환경이 아주 중요합니다. 아이가 가장 많은 시간을 보내는 공부방 환경에 주의를 기울이지 않으면 아무리 학교와 학원, 과외와 학습지를 바꾼다고 해도 내 아이의 성품과 성적은 변하기 어렵습니다.

아이가 생각처럼 변하지 않는 것은, 문제점이 아이뿐만 아니라 공부 환경에 있기 때문입니다. 공부를 열심히 하려고 마음먹고 책상에 앉아도 이내 자세가 흐트러지거나 졸기 시작하는 아이가 있습니다. 이는 공부에 대한 의지가 약하다고 생각할 수도 있지만, 공부하는 환경이 아이에게 맞지 않는다는 것으로도 볼 수 있습니다.

집중력을 높이고, 성적을 향상시키기 위해서는 공부방 안에서 지내는 동안 공부에 흥미를 느끼는 것이 중요합니다. 공부하고 싶은 분위기로 공부방을 바꾸어 학습 분위기를 유지할 수 있도록 해야 합니다.
아이의 방이 공부하기 좋은 환경으로 바뀌면 잠재된 능력을 끌어올려서 어느 순간 성적 상승으로 연결되어 발전된 아이의 모습을 볼 수 있을 것입니다.

©Getty Images Bank

공부 환경이라는 단어를 그대로 해석하면 '공부하는 환경'이 됩니다. 공부는 학문이나 기술을 배우고 익히는 것을 뜻하고, 환경은 생물에게 직간접으로 영향을 주는 자연환경이나 사회적 상황을 말합니다. 그래서 공부 환경은 학문이나 기술을 배우고 익히는 데 직간접적으로 영향을 준다고 볼 수 있습니다.

대부분 공부 환경을 교육 환경이라고 말하기도 합니다. 교육 환경은 지식과 기술을 가르치고 인격을 성장하는 데 영향을 주는 가르치는 입장에서의 환경을 말합니다.

공부 환경은 자기 주도적으로, 아이들 스스로 공부할 수 있는 환경을 만들어주는 것을 뜻합니다. 그러므로 공부 환경은 교육 환경과는 다소 의미가 다릅니다. 아이의 입장에서 보면 교육 환경이라는 말보다 공부 환경 또는 학습 환경이라는 말이 의미상 맞는 거지요.

현실적으로 교육 현장에서는 교육 환경, 공부 환경, 학습 환경 등의 말을 구분하지 않고 사용하고 있지만, 문제가 발생하거나 현상을 개선하고자 할 때는 용어의 의미와 범위를 정확히 짚어야만 훨씬 좋은 해결책을 찾을 수 있을 것입니다.

다시 살펴보면, 공부 환경이란 교육자의 입장에서 보는 환경이 아니라 공부를 하는 아이의 입장에서 바라보는, 훨씬 다양한 요소로 구성된 환경을 말합니다.

선생님, 친구, 책상, 교재, 연필, 스탠드, 의자, 벽, 건물, 음식물 등 다양한 요소들이 모두 아이가 느끼고, 바라보는 공부 환경이 될 수 있습니다. 그리고 이런 요소들은 아이의 성품과 성적에 절대적인 영향력을 행사합니다.

아이 입장에서 바라보는 공부 환경은 외적 요인과 내적 요인으로 구분됩니다. 외적 요인으로는 조명, 소음, 색상, 도구, 가구 등 눈에 보이는 요소들을 들 수 있습니다. 그리고 내적 요인은 아이의 성향과 성격, 선생님과 부모님의 격려와 칭찬, 꾸중과 같이 눈에 보이지 않는 요소들로 이루어져 있습니다.

3. 효율적인 학습을 위한 공부 환경

©Getty Images Bank

　값비싼 기능성 책상과 의자, 넓고 조용한 장소가 제공된다면 좋은 공부 환경이라고 할 수 있을까요?

　물론 공부를 위해 설계된 물건이나 공간이라면 아이에게 좀 더 좋은 영향을 미칠 수 있지만, 여기서 한 가지 생각해볼 문제가 있습니다. '이런 요소들만으로 내 아이에게 좋은 영향을 줄 수 있는 공부 환경을 제공할 수 있을까?'라는 의구심이 생깁니다.

　우리가 볼 때 좋은 환경이라고 생각되는 곳임에도 불구하고 내 아이가 제대로 집중력을 발휘하지 못하는 모습을 발견하게 됩니다.

　그렇다면 어떤 환경이 내 아이에게 좋은 환경일까요?

　이 질문에 합리적으로 답하기 위해서 **명확한 논리적인 기준**이 반드시 필요합니다.

공부 환경은 크게 물리적인 요소와 심리적인 요소로 나뉩니다. 물리적 환경으로 손쉽게 떠올리게 되는 것이 장소와 물품입니다. 그러나 물리적 요소는 생각하는 것보다 훨씬 더 다양합니다. 조명의 밝기 정도, 의자와 책상의 형태와 높이, 방 안의 전체적인 색상의 조절, 침대나 컴퓨터 위치 등에 대해 세심하게 배려하지 못하는 경우가 많습니다.

물리적 공부 환경을 조성할 때는 이처럼 다양한 요소를 가지고 아이의 특성과 성향 같은 내적 요소들과 유기적으로 결합할 때에 아이의 인성과 성적까지 향상되는 결과를 볼 수 있습니다.

물리적, 외적 요소를 확보했다면 내적 요인들에 대해 고려해야 합니다. 이때는 먼저 아이의 현재 심리 상태를 분석하는 것이 중요합니다. 아이들은 하루에도 열두 번씩 바뀐다고 합니다. 초등학교에서 고등학교를 거쳐 대학생이 되기까지 우리 아이들은 실로 많은 변화를 거치게 됩니다.

ⓒGetty Images Bank

가장 큰 변화의 시기로는 사춘기를 들 수 있습니다. 이때는 신체적,

심리적 상태가 급격하게 요동치고, 나쁜 경우에는 가족과 불신을 쌓고 친구들과도 문제가 생기면서 극심한 스트레스를 받는 경우도 생깁니다.

그리고 이런 일들은 안타깝게도 공부에 몰입해야 할 중학교, 고등학교 때 집중적으로 발생합니다. 이러한 시기일수록 현재 상태를 정확히 진단하고 아이의 심리 상태를 보완해주어야 합니다.

외적 환경을 통해 내적인 심리 상태를 보완해줄 수 있는 물리적 요소는 색상을 들 수 있습니다. 불안감을 느끼고 안절부절못하는 아이에게 안정감을 줄 수 있는 그린이나 블루 계열 벽지로 방 안의 분위기를 바꿔준다면 아이를 안정시키고 심리 상태를 보완해줄 수 있습니다.

이렇게 외적 환경요인과 내적 환경요인을 아이의 성향과 특성에 맞게 제대로 조성해주면 공부에 대한 집중력과 지구력이 올라가는 것은 물론 성장기의 올바른 인성 함양까지도 이끌어낼 수 있습니다.

4. 스터디 카페 공간의 비밀

©Getty Images Bank

요즘 아이들은 스터디 카페에서 공부하는 것을 많이 선호하고 있습니다. 또한, 시대적 풍조에 따른 다양성을 중시하게 되어 새로운 종족(?)들이 출현하고 있습니다. 커피가 대중화되고 카페를 찾는 사람들이 많아짐으로써 흔히 볼 수 있는 카공족과 코피스족입니다. '카공족(카페에서 공부하는 사람)', '코피스족(카페에서 일하는 사람들을 일컫는 말)'이라는 신조어까지 생겨났을 정도로, 카페에서 혼자 공부하거나 일에 집중하는 사람들을 쉽게 찾아볼 수 있습니다.

예전에는 손님을 만나거나 커피를 마시러 다방(茶房)에 들르곤 했지만 요즘 커피 전문점은 더 이상 커피를 마시거나 친구들과 수다를 떨기 위해 가는 장소만은 아닙니다.

초고속 와이파이 환경에 최신형 컴퓨터까지 보유하고 있는 커피 전문점에서 인터넷을 즐기고, 사무실 대신 커피 전문점에서 업무를 보거나 자료를 검색하는 사람들을 바라보는 것은 일상이 되어버렸습니다.

공부 환경은 학습 성향과 목적에 따라 다양한 방식으로 학습자에게 영향을 미치고 학습자와 상호작용을 합니다. 꽉 막힌 도서관에서 공부가 잘될 때가 있고, 탁 트인 커피 전문점에서 공부가 더 잘될 때도 있습니다.

심지어 바이오리듬이나 기분, 옷차림에 따라 당일 학습의 성패가 결정될 수 있다는 점을 생각해보면 매일 공부하는 공부 환경, 공부방의 디자인이 얼마나 중요한지를 알 수 있습니다.

그럼 우리 아이의 공부방에 대해 생각해봅시다. 이사를 하지 않았다면 늘 똑같은 환경에, 몇 년째 변하지 않은 구조에, 정리되지 않은 환경일 것입니다. 지금 내 아이가 이런 방에서 공부하고 있다면 공부방 환경을 배려하지 않은 채, 아이에게 공부에 대한 압박감을 주고 잔소리만 한 것은 아닌지 부모가 오히려 반성해볼 일입니다.

새 옷을 입은 날은 왠지 기분이 좋아지고, 누군가에게 자랑하고 싶은 기분이 듭니다.

공부 환경도 마찬가지입니다. 공부 환경에 주기적으로 변화를 주고, 학습에 도움이 되는 각종 소품과 도구를 활용하여 아이가 신바람 나게 공부할 수 있는 환경을 만들어주어야 하지 않을까요?

꼭 맞는 옷처럼 나에게 최적화된 공부방, 계절 따라 옷을 갈아입듯이 아이 자신의 변화에 따라 약간의 변화를 가미할 수 있는 그런 공부방을 조성해준다면 공부를 대하는 아이의 태도에도 분명 변화가 있을 것입니다.

5. 몰입과 기억을 극대화하는 불편한 환경

©Getty Images Bank

보통 부모님들은 아이의 공부방을 꾸밀 때 편안한 환경을 조성해주기 위해 많은 노력을 합니다. 편안한 공부방이 아이의 집중력 향상에 좋은 것만은 아닙니다.

학교 교실을 살펴보면 책과 노트, 간단한 필기구만 올려놓을 수 있는 딱딱한 나무 책상과 의자만 있습니다. 아이들은 이런 환경에서도 오랜 시간 의자에 앉아서 공부를 합니다.

하지만 폭신한 의자와 편안한 책상이 있는 자신의 공부방에서는 오랫동안 집중해서 공부하는 모습을 보기가 어렵습니다. 그 이유는 편안한 공부방에서는 아이가 긴장감을 느끼지 못하기 때문입니다. 오히려 불편한 공부방이 아이의 집중력과 기억력을 높여줍니다.

불편함이란 감정은 우리를 긴장 상태에 놓이게 합니다. 이러한 긴장 상태는 교감신경을 자극하여 에피네프린과 노르에피네프린이라는 호르몬을 분비시킵니다. 이러한 호르몬 분비 과정에서 편도체가 활성화되는데, 이것은 기억에 정서와 감정을 입히는 역할을 합니다.

©Getty Images Bank

기억이 정보로만 존재하면 시간이 지남에 따라 쉽게 잊어버리게 됩니다. 반면 기억에 정서와 감정이 입혀지면 오랫동안 잊히지 않습니다. '불은 뜨겁다', '얼음은 차갑다'와 같은 느낌은 복습을 하지 않아도 한 번의 기억이 평생을 가는 것과 같은 이치입니다. 공부도 마찬가지로 공부한 내용에 정서와 감정을 입히면 오랫동안 기억을 할 수 있게 되며,

불편한 환경에서 공부할 때 약간의 긴장 상태는 편도체를 활성화해 공부하는 내용을 좀 더 잘 기억할 수 있도록 도와줍니다.

그러므로 비싼 가격의 편안하고 기능 많은 가구도 좋지만, 다소 불편할 수 있는 환경을 조성해주는 것이 중요합니다. 예를 들어 책상과 책장이 분리하여 독립적으로 사용하는 가구 등이 좋습니다.

6. 아이에게 맞는 최적의 공간 찾기

©Getty Images Bank

　아이가 공부방에서만 공부할 수 있는 것은 아닙니다. 집중을 방해하는 요소들이 많아서 보통 아이들은 집에서 공부하는 것을 어려워합니다.
　또한, 공부방에만 있도록 한다면 답답한 느낌을 주어 자신의 방이 불편해지게 됩니다. 그러므로 아이에게 맞는 최적의 공간 찾기는 중요합니다.

　최적의 공부 환경을 조성하기 위해서는 아이에게 잘 맞는 공부 장소를 찾아야 합니다. 약간의 소음과 함께 탁 트인 커피 전문점에서 공부가 잘되는 사람이 있는가 하면, 조용한 도서관에서 집중할 수 있는 사람도 있습니다.
　공부가 잘되는 환경은 사람마다 각자의 성격이나 특성에 따라 다르기에 아이에게 맞는 공부 환경을 조성해주는 것이 중요합니다. 아이에게 맞는 최적의 공부 장소가 정해졌다면 학습하는 동안 공부를 위한 곳이라는 인식을 할 수 있도록 해줘야 합니다.

<u>공부할 수 있는 공간을 여러 곳을 만들어주세요.</u>

아이가 공부하는 공간은 아이의 공부방만이 아닙니다. 거실이나 주방, 심지어 화장실에서 책을 보는 사람들도 있습니다.

ⓒGetty Images Bank

공부 잘하는 아이 중에는 한 자리에서 오랫동안 집중할 수 있는 아이도 있지만, 다양한 공간으로 옮겨 다니면서 공부하는 아이도 있습니다.

공부가 가장 잘되는 장소를 몇 군데 정해놓고, 한곳에서 공부하다가 집중력이 떨어지게 되면 생각해두었던 다른 장소로 이동하여 공부할 수 있도록 하는 것도 좋은 방법입니다. 거실과 주방의 식탁 등 다양한 공간에서 공부할 수 있도록 환경을 만들어주세요.

<u>6개월에 한 번은 방 분위기를 바꿔주는 것도 좋습니다.</u> 아이가 방

분위기가 바뀌었다는 것을 느낄 수 있도록 해주세요. 가구 배치나 소품 하나가 변해도 분위기는 바뀝니다.

  가끔은 형제자매의 방을 서로 바꿔주는 것도 좋습니다. 새롭게 바뀐 방에서 새로운 각오를 다질 수 있기 때문입니다.

7. 학습효과 높이는 공부 환경 만들기

©Getty Images Bank

　학습 효율을 높이기 위한 최적의 공부방은 아이의 성향과 학습 스타일을 고려해야 합니다. 아이마다 똑같이 좋은 공부 환경이 정해져 있는 것은 아닙니다. 그렇기에 우리 아이에게 맞는 최적의 환경을 찾고, 그런 공부 환경을 만들어주는 것이 큰 도움 될 수 있습니다.

　책상과 의자, 책장, 독서대, 조명 등 필요한 학습 관련 가구나 제품들은 아이의 성향과 필요에 따라 준비해줍니다.
　책상 위에 공부할 과목만 올려두고, 주변을 깨끗이 해야 합니다. 깨끗이 정돈된 책상은 공부의 집중력을 높여주고, 심리적으로 안정감을 느끼게 하여 효율적으로 공부할 수 있습니다. 책상 정리할 때 아이에게 사용이 끝난 물건은 원래 있던 장소에 놓도록 정리하는 습관을 만들어줍니다.

공부 방해 요소에 대해 아이와 함께 규칙 정합니다. 요즘에는 아이들을 유혹하는 물건들이 많습니다. 책상에 앉아있기는 하지만 온 신경이 스마트폰으로 가 있거나, 인터넷 강의를 듣는다고 컴퓨터 앞에 앉아서 인터넷 강의만 켜 놓은 채 게임이나 메신저를 하기도 합니다.

ⓒGetty Images Bank

공부에 몰입하는 데 불필요한 물건들은 눈앞에 보이지 않도록 하는 것이 좋습니다. 컴퓨터와 TV는 가족 공동 장소인 거실에 배치합니다. 게임이나 휴대폰 사용에 있어 아이와 서로 합의할 수 있는 사용 규칙을 정한 후에 아이가 잘 실천할 수 있도록 격려해주어야 합니다.

책상의 유리는 없는 것이 좋습니다. 유리의 차가운 성질이 닿는 몸 온도를 내리는데, 실제 체온과 온도 차이가 졸음을 유발한다고 합니다. 또한, 유리 밑에 사진이나 메모지를 넣어두는 경우가 많기 때문에 아이의 시선을 분산시킬 수 있습니다. 그러므로 책상의 유리는 치우는 것이 공부에 집중하는 데 도움이 됩니다.

아이의 성장에 맞춰 책상과 의자 높이를 맞춰주어야 합니다. 아이들은 금방 자랍니다. 성장 속도에 맞춰 높이 조절이 가능한 의자를 선택하는 것이 좋습니다.

공부하는 공간과 쉬는 공간은 분명히 분리해주어야 합니다. 침대나 소파가 가까운 곳에 있으면 눕고 싶은 욕구가 생길 것입니다. 가장 좋은 방법은 공부하는 공간과 침실을 분리해주는 것이며, 공간의 한계로 어려울 때는 침대와 책상을 최대한 분리해 멀리 두는 것이 좋습니다.

공부할 때 환경은 아이의 성향에 맞게 백색소음, 가구, 색상, 심리, 습관, 배치, 정리 등으로 아이가 스스로 공부하는 환경을 만들어주어야 합니다. 이처럼 아이에게 잘 맞추어진 환경에서 **미래의 우리 아이는 건강하고 행복하게 성장할 수 있을 것입니다.**

Chapter 02

책상 위치가
아이의 집중력을 좌우한다

1. 책상 배치에도 기술이 필요하다

©Getty Images Bank

아이의 공부방에서 가장 중요한 것이 무엇이라고 생각하십니까? 당연히 책상입니다. 그렇기에 우리는 책상의 형태, 책장의 크기, 의자의 모양 등을 고르는 데 매우 많은 시간과 돈과 노력을 기울입니다. 그러나 단순히 좋은 책상, 고가의 책상을 선택한다고 해서 아이가 주도적으로 공부에 집중하기란 쉽지 않습니다. 물론, 아이에 따라 공부 환경과 상관없이 스스로 공부를 하는 아이도 있겠지요.

하지만 대부분의 아이가 그렇지 않다는 것은 왜일까요? 그것은 바로 좋은 책상보다는 아이가 스스로 공부할 수 있는 환경이 중요하고, 그 환경을 만드는 것이란 굉장히 면밀하고 세심하게 고민을 해야 하기 때문입니다.

그러면 우리 아이가 자기 주도적으로 공부할 수 있는 환경의 가장 첫 걸음인 책상의 위치에 대해 살펴보겠습니다.

책상에 앉았을 때 공부방 문이 등 뒤에 오는 위치는 가급적 피하도록 해야 합니다.

즉, 방문의 측면에 배치하는 것이 좋습니다. 방문이 바로 보이게 되면 밖으로 나가고 싶어 하지 않을까 하는 우려 때문에 방문을 등 뒤에 두고 책상을 배치하는 경우가 많습니다. 하지만 방문을 등지고 책상을 배치하게 되면 방문이 시야에 전혀 닿지 않아 심리적인 불안감을 유발하게 되어 자주 뒤돌아 방문을 쳐다보게 됩니다.

부모님들도 학생 시절에 책상에 앉아있다가 방문이 열리는 소리에 나도 모르게 깜짝 놀란 경험이 있지 않나요?

ⓒGetty Images Bank

이러한 경험들로 인해 본인도 모르는 사이에 자꾸만 문 주위에서 나는 소리에 신경쓰게 되며, 이것은 공부할 때 집중력에 방해가 되기도 합니다. 그러므로 책상에 앉았을 때 방문은 측면에 배치하는 것이 심리적인 안정감과 집중력을 향상하는 데 가장 효과적입니다.

<u>방문의 측면에 책상을 배치할 때 벽을 등지고 배치하면 더 좋습니다.</u> 벽이 불필요한 움직임을 막아주므로 책상에 오래 앉아 집중력을 유지하는 데 도움이 됩니다.

벽을 등지고 책상을 배치할 때 방문을 정면으로 바라보는 것은 피해야 합니다. 어떠한 대상을 눈으로 바라보면 그것에 대해 없던 마음도 생기는 것이 사람의 심리입니다.

책상에 앉았을 때 방문이 계속 시야에 들어오면 문밖으로 나가고 싶은 마음은 더 커지기 마련입니다. 공부할 때는 다른 대상이 눈에 들어와서 공부 이외의 다른 마음이 생기지 않도록 시선을 책상에만 고정할 수 있는 위치에 책상을 배치하는 것이 중요합니다. 다만, 이 경우에는 책상 앞뒤로 충분한 공간이 있어야 하므로 공부방의 공간이 넉넉해야 합니다.

간혹 공부방의 공간이 넓은 경우 공부방 가운데에 책상을 배치하는 경우가 있습니다. 그러나 벽에서 책상이 떨어져 있으면 마음도 그에 못지않게 붕 떠오르게 됩니다.

특히 어린 아이들은 넓은 공간에서 더 큰 불안감을 느낄 수 있으며, 책상이 공부방 한가운데 있으면 그만큼 눈에 보이는 사물이 많아져서 집중력을 유지하는 데 큰 어려움이 생기게 되므로 피해야 합니다.

대부분은 책상이 방문의 측면에 위치하면 문이 눈앞에 바로 보이지 않으면서 고개만 살짝 돌리면 시야에서 일어나는 일들의 확인이 가능합니다. 그리하여 집중력이 흐트러지는 상황을 최소화하고 불안감을 감소시킬 수 있습니다.

©Getty Images Bank

　또한, 책상의 한 면이 벽에 붙어있어 심리적인 안정감이 높아지고, 등 뒤에 벽이 움직임을 최소화하여 집중력을 향상시킬 수 있습니다.
　이러한 방법을 모든 공부방에 적용할 수 있는 것은 아니므로 각자의 공부방 환경에 따라 최적의 책상 배치는 조금씩 달라질 수 있으며, 아이의 성향에 따라서도 달라질 수 있습니다. 그러나 최소한 꼭 피해야 할 위치가 어딘지 정도는 알아두면 큰 도움이 됩니다.

2. 책상의 위치는 서늘한 북쪽에

©Getty Images Bank

사람의 신체는 온도 변화로 인해서 졸음을 많이 느끼게 됩니다. 따뜻한 햇볕은 **졸음을 유발**하기 좋습니다. 그러므로 아이들의 책상은 기운이 맑고 서늘한 북쪽에 두는 것이 공부에 집중하기 좋은 방향입니다.

북쪽은 햇볕이 적게 들어 온도 변화가 적으므로 졸음을 예방할 수 있어 집중력 향상에 도움이 됩니다. 그러나 정서적 발달이 중요한 미취학 아동이나 초등학교 아이들의 경우에는 남향으로 배치하는 것이 좋습니다.

책상은 되도록 창문에서 멀리 떨어진 곳에 배치하는 것이 좋습니다.

성장기의 아이들은 햇볕을 쬐면서 공부하는 것이 좋다거나 밝은 것이 좋다는 생각에 창문 앞에 책상을 배치하는 경우가 많은데요.

©Getty Images Bank

오히려 햇볕 때문에 눈이 부셔 집중력이 떨어지거나 햇볕이 눈을 자극해서 쉽게 피로해진다거나 시력을 저하시킬 수 있습니다.

겨울이나 환절기에는 창문 틈 사이로 들어오는 찬바람 때문에 감기에 걸릴 확률이 높아집니다.

또한, 창문 너머 풍경을 보며 공상에 빠져들기 쉽고, 바깥 소음의 영향으로 집중력이 흐려질 수 있습니다. 만약 공부방의 구조상 책상이 창문 정면을 바라볼 수밖에 없는 상황이라면 블라인드나 롤 스크린,

커튼 등을 사용하여 창문을 가려주는 것이 좋습니다.

책상을 배치할 때 벽을 기준으로 **벽〉책장〉의자〉책상** 순으로 배치하는 것이 가장 안정감을 줄 수 있는 구조입니다.
앞뒤 공간이 부족하다면 책장은 옆으로 배치해도 좋으며, 이때 책장이 손에 닿지 않아도 좋습니다.
책장에 책은 필요 없는 책과 잘 보지 않는 책은 과감히 정리해주고, 아이의 눈높이에서 가장 눈에 잘 보이는 중간 부분에 아이가 좋아하고 자주 읽는 책이나 꼭 봐야 할 책들을 배치하도록 합니다.

서점에서 가장 많이 팔리는 베스트셀러들을 눈에 잘 띄는 곳에 배치하는 것은 사람이 눈앞에 보이는 것에 한 번이라도 마음을 더 쓰게 된다는 견물생심의 원리를 활용한 전략입니다.
우리 아이의 공부방에도 이와 같은 원리를 적용하는 것이 어쩌면 당연한 일이겠지요.

3. 침대는 문에서 가장 멀리, 창문 근처에 두세요

©Getty Images Bank

침대는 문에서 가급적 멀리 배치하고, 창문 근처에 배치하는 것이 좋습니다. 방문을 열었을 때 침대가 바로 보이나요?

공부방 문을 열었는데 가장 먼저 침대가 눈에 들어온다면 아이가 침대의 유혹을 참기란 어렵습니다. 침대의 유혹에 못 이겨 침대에 누워서 공부하는 습관을 가진 아이들이 있습니다. 밤늦게까지 학교에서, 학원에서 온종일 불편하게 공부하고 왔으니 침대에서 편안하게 책을 보고 싶은 마음이 크겠지요.

하지만 침대에서 책을 보는 것은 자세가 불편하여 목이나 허리에 무리를 줄 수도 있으며, 책에 집중하지 못하고 이내 잠들어버립니다.

아이가 침대에서 공부하는 습관이 있다면 필히 바꾸어주어야 합니다. 필기하기도 어렵고, 바른 자세로 공부할 수도 없으므로 집중력이 떨어지기 때문입니다.

아이가 침대에서 공부하는 습관을 버리지 못하거나 침대의 유혹에서 벗어날 수 없다면 침대를 과감히 없애는 것도 방법이 될 수 있습니다. 이때, '침대에서 공부하는 습관은 좋지 않다'는 것을 명확히 인식시키는 것이 중요합니다.

성장기 아이들의 허리 건강을 생각한다면 푹신한 침대보다는 딱딱한 바닥이 더 좋으며, 잠을 잘 때 이불을 펴고 일어나서는 이불을 개어두기 때문에 바른 생활 습관을 형성하는 것에도 좋은 영향을 미칠 수 있습니다. 또한, 공부하는 중에 잠자리가 눈에 띄지 않아 졸음의 유혹에서도 멀어질 수 있으니 참 좋은 방법입니다.
다만, 이러한 습관을 형성하는 데에는 <u>부모님의 꾸준한 관심과 교육</u>이 필요합니다.

공부방의 침대는 책상에 앉았을 때 등 뒤에 배치하는 것이 좋습니다. 침대가 눈앞에 보이면 자꾸만 눕고 싶어지고 안 오던 잠도 쏟아지는 경향이 있습니다. 앉으면 눕고 싶고, 누우면 자고 싶은 것이 인간의 본능입니다.
이러한 인간의 생리적 본능을 이겨내고 끈기 있게 공부를 해야 목표를 이루어낼 수 있습니다. 공부방 환경 조성은 아이가 자기 주도적으로 공부하는 데 많은 도움이 됩니다.

　지금까지 살펴본 방법에 따라 책상을 북향에 배치했다면 침대는 자연스럽게 이상적인 방향인 남향 또는 남동향으로 배치할 수 있으며, 이러한 침대 배치는 숙면하는 데 매우 유리한 위치입니다.

침대 배치

1. 남동향이나 남향에 배치한다.
2. 해가 뜨는 창문가에 배치한다.
3. 방문에서 가장 멀리 떨어진 곳에 배치한다.
4. 침대 머리가 방문과 마주 보게 하지 않는다.
5. 정중앙에 배치하지 않는다.
6. 누웠을 때 방문이 보이게 배치한다.

4. 공부방에 필요하지 않은 것들

©Getty Images Bank

　아이들의 공부방에는 책상, 침대, 책장, 화장대, 컴퓨터 등의 다양한 것들이 있습니다. 여기에서 우리는 아이 공부방에 과연 이 모든 것이 필요한 것들인지 생각해보아야 합니다.

　아이의 방에 컴퓨터를 두는 경우가 많습니다. 컴퓨터를 방에 두게 되면 게임이나 웹서핑 등으로 많은 시간을 빼앗기는 일이 발생합니다.
　컴퓨터를 하다 보면 시간 가는 줄도 모르고, 배고픔, 졸림 등의 생리적인 현상도 지나치게 될 수 있어 굉장히 위험합니다. 또한, 컴퓨터에 너무 집중하다 보면 <u>가족들과 대화가 부족해지고, 혼자만의 세계에 빠질 수도 있습니다.</u>

그렇다면, 컴퓨터는 집 안 어디에 배치해야 할까요? 요즘 아이들은 컴퓨터로 숙제하고 공부도 합니다. 인터넷 강의를 듣는다거나 인터넷 정보를 잘 활용하면 공부에 큰 도움이 되기도 합니다.

©Getty Images Bank

하지만 자제력이 약한 아이들의 경우 컴퓨터를 잘못 활용하게 되면 쉽게 빠져나오기가 어렵습니다.

따라서 아이들이 컴퓨터에 빠지지 않도록 하기 위해서는 공부방에 배치하는 것보다는 거실에 배치하는 것이 효율적입니다. 이때 부모님의 관심 하에 시간을 정해놓고 사용을 하도록 하며, 올바르게 사용할 수 있는 습관을 형성하는 것이 중요합니다.

아이의 의지에 따라 시간을 정해놓고 사용하는 것이 잘 안 되는 경우가 발생한다면 컴퓨터 자동 종료 프로그램을 사용하여 부모님이 설정한 시간에만 컴퓨터를 사용하도록 합니다. 설정한 시간이 지나면 컴퓨터가 자동으로 꺼지기 때문에 아이의 습관을 들이는 데 좋은 방법입니다.

만약 부득이하게 아이 공부방에 컴퓨터를 배치해야 한다면 방이 좁을지라도 공간을 반드시 분리해야 하고, 학습에 도움이 되는 용도로 사용하도록 습관을 들여야 합니다. 공부방에 컴퓨터가 있을 때는 가족과의 관계보다는 개인 중심으로 행동하게 되나 거실에 배치하면 가족들이 있는 가운데서 컴퓨터를 사용하게 되므로 자연스럽게 가족들 간의 의사소통 기회가 늘어납니다. 아이가 성장함에 있어 가족들과의 소통 능력은 사회 적응 능력을 길러주는 데 좋은 영향을 줄 수 있습니다.

여자아이의 경우, 외모에 상당한 관심을 가집니다. 유아기에도 여자아이는 유독 엄마의 화장품에 관심을 가지며 비싼 화장품을 망가뜨리기도 합니다. 여자아이를 키운 부모라면 한 번쯤은 이런 경험이 있을 테지요.
마찬가지로 이 아이가 커서 사춘기가 되면 외모에 신경을 쓰느라 공부에 집중하지 못하는 경우가 발생하게 됩니다. 아이는 거울을 들고 다니며 수시로 외모를 보게 되며, 화장대에 앉아서 얼굴을 보는 데 시간을 많이 허비하기도 합니다.

이 시기에는 <u>부모님이 먼저 아이의 외모에 관심을 가져주어 외모에 대한 집착을 줄일 수 있도록 하는 것도 방법입니다.</u>

©Getty Images Bank

　사춘기 때에 외모에 관심을 가지는 것은 당연한 일이지만 외모뿐만 아니라 내면의 아름다움을 가꾸는 것도 중요한 일입니다. 이제 우리 아이 방에서 화장대는 치우고, 아이가 공부에 집중할 수 있는 환경을 만들어보면 어떨까요?

　공부방에서 없어야 할 것 중 중요한 것 하나가 바로 **스마트폰**입니다. 요즘 대부분 부모님과 아이들이 스마트폰을 사용합니다. 공부하는 중에 스마트폰으로 인해 방해를 받게 되며 집중력을 떨어지게 합니다.

　그럼 스마트폰은 어디에다 두는 것이 좋을까요? 가정에서 스마트폰의 효율적인 사용을 위해서 스마트폰 보관함 설치를 추천합니다.
　공부 중에 방해를 받지 않기 위해서 태블릿 또는 스마트폰을 충전과 동시에 잠가서 보관할 수 있는 보관함을 특정한 장소에다가 설치하는 것입니다. 이것은 공부하는 학생뿐만 아니라 가족 전체가 같이 협조해서 진행하도록 해야 효과적입니다.

스마트폰 사용을 자제함으로써 아이는 공부에 집중할 수 있습니다. 또한, 가족들 간의 대화가 많아지면서 의사소통이 원활하게 되어 화목한 가정의 밑거름이 될 수 있습니다.

5. 형제, 자매의 공부방은 어떻게

©Getty Images Bank

간혹 두 아이가 같이 공부방을 사용하는 경우가 있을 텐데요. 아이가 둘 이상인 부모님들은 이런 고민을 당연히 하게 됩니다. 형제자매가 같은 공부방을 사용하는 것이 괜찮을까요?

형제자매의 나이 차이가 크게 나지 않는다고 하면 서로 도움이 될 수 있지만, 원칙적으로는 분리해주는 것이 좋습니다. 하지만 두 아이가 나이 차이가 적고, 성향이 비슷하다면 함께 공부방을 사용해도 크게 무리는 없습니다.

이때, 아이의 방이 두 개라면 잠자는 방과 공부하는 방을 나누어 사용하면 됩니다. 함께 공부할 경우 서로의 공부에 도움을 줄 수 있고, 서로 경쟁의식을 느끼게 되어 긍정적인 시너지 효과를 줄 수도 있습니다.

©Getty Images Bank

하지만 잘못하면 오히려 서로 계속 얘기를 주고받거나 공부에 집중하는 데 방해가 될 수 있으므로 주의해야 합니다.

그럼 두 아이의 공부방은 어떻게 꾸며주는 것이 좋을까요?
책상은 나란히 배치하고 사이에 파티션을 놓는 것이 좋습니다. 함께 공부하고 있다는 느낌을 받을 수 있고, 더 열심히 해야 한다는 동기부여도 됩니다. 파티션의 높이는 고개를 들었을 때 서로의 얼굴이 보일 수 있는 정도면 충분합니다. 나란히 위치한 책상에서는 일상에서의 공부를 할 수 있도록 하고, 시험 기간이 다가오거나 중요한 과목에 따라서는 독립된 공간이 필요하기도 합니다.

이런 경우에는 독서실 책상을 하나 더 배치하는 것도 좋은 방법입니다. 함께 있기는 하나 독립된 공간이기에 다른 방해를 받지 않고 공부를 할 수 있습니다. 독서실 책상은 주변이 막혀있어 외부 환경과 소음을 차단하여 집중력을 높이는 데 도움이 됩니다. 일반 가정에서도 아이의 집중력을 높이기 위해 종종 사용하는 것을 볼 수 있으나 너무 어린아이들은 답답함을 느낄 수 있어 추천하지 않습니다.

초등학생 때에는 집중력보다는 사람들과 소통하면서 토론하는 공부 방식이 좋으며, 그래야만 창의성도 높아지고 발표 능력도 좋아집니다.

중학생 때도 가정에서의 독서실 책상은 보조적으로 사용할 수 있도록 일반 책상과 같이 놓아주면 좋습니다.
독서실 책상 외에도 아이의 성향에 따라 스탠딩 책상을 놓아줄 수도 있습니다. 공부하다 보면 집중력이 떨어지고 졸린 경우가 있습니다. 학교에서도 수업 시간에 졸리면 뒤쪽에 있는 스탠딩 책상을 활용하게 합니다. 정말 피곤하거나 기절할 것처럼 졸릴 때가 아니라면 잠시 서있기만 해도 졸음이 가시게 됩니다.
스탠딩 책상을 보조적으로 배치해준다면 졸릴 때 주의 환기를 위해서 서서 공부를 할 수 있게 됩니다. 기억력을 높이기 위해서라도 잠시나마 서서 공부할 수 있도록 스탠딩 책상을 배치해주세요.
아이가 방에서 공부하다 보면 졸음을 느낄 때가 있습니다. 이는 방 공기를 환기해주지 않은 이유도 해당합니다. 밀폐된 공부방에서 공부하다 보면 이산화탄소의 농도가 쌓이게 되는데, 이는 졸음을 유발합니다.

©Getty Images Bank

　사람의 뇌는 기본적으로 산소가 많이 필요합니다. 이산화탄소 농도가 높은 곳에서는 뇌에 산소가 충분히 공급되지 않아서 뇌가 활발한 활동을 하기 어려워 학습 능력이 떨어질 수밖에 없는 것입니다.
　그러므로 아이의 공부방은 꼭 주기적으로 환기를 해주도록 하며, 산소를 내뿜는 식물이나 공기청정기를 배치하면 도움이 됩니다.

Chapter 03

고정형 의자를 선택하라

1. 공부방에서 가장 중요한 책상

 앞에서 말했듯이 공부방에서 가장 중요한 것은 책상입니다. 거의 모든 공부방에는 책상과 책장, 침대가 있습니다. 여기에 화장대, 서랍장, 옷장 등이 일부 포함되기도 합니다. 공부방은 크지 않은 경우가 대부분입니다. 그래서 가구의 선택 및 배치에 신경을 써서 효율적으로 활용하는 것이 굉장히 중요합니다.

 공부방의 가구를 바꾸는 비용은 만만치 않기 때문에 부모는 아이가 고학년이 될 때까지 사용할 수 있도록 넉넉한 책상과 책장을 사는 경우가 많습니다.
 그러나 아이의 신체에 맞지 않는 책상은 불편할 뿐만 아니라 장시간

앉아있기도 힘이 듭니다. 계속해서 성장하는 아이에게 어린 시절 한 번 산 책상에 계속 몸을 맞춰 가며 공부하라는 것은 무리가 될 수 있습니다.

　요즈음에는 높이를 조절할 수 있는 책상과 의자도 많이 판매되고 있습니다. 그러므로 처음부터 이런 책걸상을 사거나 아이가 둘 이상이라면 먼저 산 책상은 저학년까지만 사용하고 동생에게 물려준다는 생각으로 아이의 몸에 맞는 책상을 사는 것이 좋습니다.

ⓒGetty Images Bank

　비싼 가구와 좋은 가구는 의미가 다릅니다. 크고 기능이 많은 가구가 공부 습관에 도움이 될 것이라는 생각으로 큰 비용을 들여 사기도 합니다. 그러나 초보 운전자가 최고급 외제 스포츠카를 운전한다고 해서 곧바로 레이싱 선수가 될 수 없듯이 아이의 가구도 마찬가지입니다. **아이의 성장 과정에 맞는 것이 가장 좋은 가구**입니다.

아이가 초등학교에 들어가면서부터 부모님은 아이에게 공부방을 만들어줍니다. 그런데 단순히 책상을 산다고 해서 공부방이 되지 않습니다.

초등학생은 집중력이 짧아서 책상에 오래 앉아있기 힘듭니다. 따라서 아이가 즐겁게 앉아있을 수 있는 환경을 만들어주는 것이 중요합니다.

아이의 성장과 함께 책상을 바꿔주세요. 학습용 책상은 아이의 자세와 습관을 형성하므로, 신체의 발달에 맞게 바꿔주는 것이 좋습니다. 설계, 조립이 가능한 시스템 가구를 활용하여 아이의 성장에 맞게 높이를 조절하거나 의자 높낮이, 가구 구성 등을 바꾸는 것도 하나의 방법입니다.

책상의 크기도 학습 효과와 연관성이 있습니다. 크고 넓은 책상보다 작은 책상이 집중력을 높이는 데 도움이 됩니다. 작은 책상은 공부하는 책 이외의 다른 물건을 놓을 수 없으므로 아이가 산만해지지 않고 공부에 집중할 수 있습니다. 또한, 책을 읽을 때는 독서대를 사용하는 것도 좋습니다.

2. 책상 유리를 없애라

©Getty Images Bank

책상 위에 유리를 놓으면 투명함에 깔끔한 느낌을 받게 됩니다. 또한, 책상 위 유리는 긁힌 자국이 생기지 않도록 책상 표면을 보호하는 역할을 하기 때문에 여러 가지로 편리합니다. 그래서 책상을 살 때는 유리를 함께 사는 경우가 있지요.

그러나 유리는 기본적으로 성질이 차가워서 유리에 신체 일부가 닿으면 체온이 떨어지기 때문에 졸음을 유발하기 쉽습니다. 체온이 변하면 인체는 몸의 항상성을 유지하기 위해 에너지를 사용하게 되고, 에너지

소모는 집중력 저하와 졸음으로 이어집니다.

유리는 스탠드의 강한 빛을 반사합니다. 책상 상판을 통해 반사된 스탠드의 빛이 눈으로 들어오면 시력이 저하되고 눈이 쉽게 피로하여 집중력이 떨어집니다. 또한, 깔끔해보인다며 유리를 책상 위에 놓은 경우, 시간이 점차 지나면서 유리 밑에 가정통신문, 영어 알파벳, 주기율표 등을 두어 집중력을 방해하게 됩니다.

책상에 긁힌 자국이 생기는 것에 대한 염려 때문에 상판 유리를 제거하기가 망설여진다면 무늬 없는 미색이나 단색 시트지를 붙여주는 것도 좋은 방법이 될 수 있습니다.

정리를 위해서라도 과감히 책상 위의 유리를 없애버리세요. 책상에서 열심히 공부하는 아이의 모습을 기대해볼 수 있습니다.

3. 보조 책상, 이렇게 사용하자

©Getty Images Bank

    기본 책상 외에 보조 책상을 사용할 수 있습니다.

    보조 책상은, 저학년 아이들에게는 부모와 함께 공부할 수 있는 이동식 책상으로, 집중력이 필요한 고학년 아이들에게는 독서실형 책상으로, 주의 환기가 필요한 경우에는 스탠딩 책상으로 활용하는 등 다양한 용도로 사용할 수 있습니다.

1) 이동식 책상

©Getty Images Bank

이동식 책상은 아이의 공부 습관 형성에 도움이 될 수 있습니다. 저학년 아이는 거실이나 주방 등 부모와 같은 공간에서 많은 시간을 보내는 경우가 많습니다. 그러므로 아이가 거실이나 자신의 방 등에서 자유롭게 이동할 수 있는 이동식 책상을 사용하는 것이 좋습니다.

이 시기에는 아이를 공부방에 혼자 두기보다는 가능하면 아이와 많은 시간을 함께 보내면서 다양한 질문에 대답도 해주고, 공부하는 모습을 지켜봐 주거나 함께 책을 읽어주는 것이 좋습니다.

책상의 형식에 구애받지 않고 자유롭게 책을 볼 수 있는 공간을 만들어주세요.

2) 스터디 룸 부스

 스터디 룸 부스는 가로 1.1m, 세로 0.8m, 높이 2.1m의 직육면체 크기입니다. 부스 안에는 책상과 의자가 부착되어 있으며 문에는 작은 유리 창문이 달려있습니다. 주변이 보이지 않아 집중력을 높여줄 수 있고, 나무가 주는 상쾌함 때문에 선호합니다.

 하지만 스터디 룸을 선택할 때는 아이의 성향을 반드시 고려해야 합니다.
 어떤 아이에게는 스터디 룸이라는 좁은 공간이 안정감을 주어 집중력을 높이는 데 도움을 주는 반면, 답답함을 느껴 집중하지 못하는 아이도 있기 때문입니다.

3) 독서실 책상

©Getty Images Bank

　방학이 되면 학생들은 집에서 공부하는 시간이 늘어납니다. 부족한 학교 공부를 보완하거나 다음 학기를 준비해야 하기 때문입니다. 이때 무엇보다 중요한 것은 집 안의 공부 환경입니다. 공부하는 공간이 쾌적하면 짧은 시간을 공부해도 집중력을 높일 수 있습니다.

　최근에는 아이의 집중력 향상을 위한 방법으로 독서실 책상을 사용하기도 합니다. 이 책상은 주변의 환경에 신경쓰지 않고 집중을 할 수 있다는 장점이 있습니다. 특히 친환경 소재의 원목 책상은 피톤치드를 발생해 심신의 안정을 주며, 일반 화학 소재에서 발생하는 발암성 유해 물질로부터 건강을 지켜줍니다.

　독서실 책상은 가림판으로 외부 환경과 소음을 차단해 집중력을 높여줍니다. 하지만 장시간 사용하면 답답함과 소외감으로 어려움을 느낄 수도 있으니 유의해야 합니다.

또한, 독서실 책상에서만 공부하게 되면 정작 시험을 볼 때는 환경이 달라져 어려울 수도 있습니다.

독서실 책상은 보조적으로 사용하고, 일반 책상도 함께 놓아주세요.

4) 스탠딩 책상

ⓒGetty Images Bank

공부하는 학생들은 하루 대부분 시간을 책상에 앉아서 보내고 있습니다. 앉아있는 시간이 길어질수록 운동량이 부족하게 되어 기억력은 떨어집니다. 이때, 스탠딩 책상을 사용하면 졸릴 때 주의 환기를 시켜주어 집중력을 높여줍니다.

스탠딩 책상을 사용할 때는 아이의 자세를 고려해야 합니다. 우선 서

있을 때는 허리가 굽어지지 않도록 하고, 자신도 모르게 책상에 기대어 자세가 흐트러지지 않도록 주의해야 합니다. 공부하는 공간은 공부 습관과 밀접한 관계가 있습니다. 그러므로 오랜 기간 공부를 해야 하는 학생들은 자신과 잘 맞는 공간을 찾아내는 것이 정말 중요합니다.

4. 알고 선택하는 친환경 가구

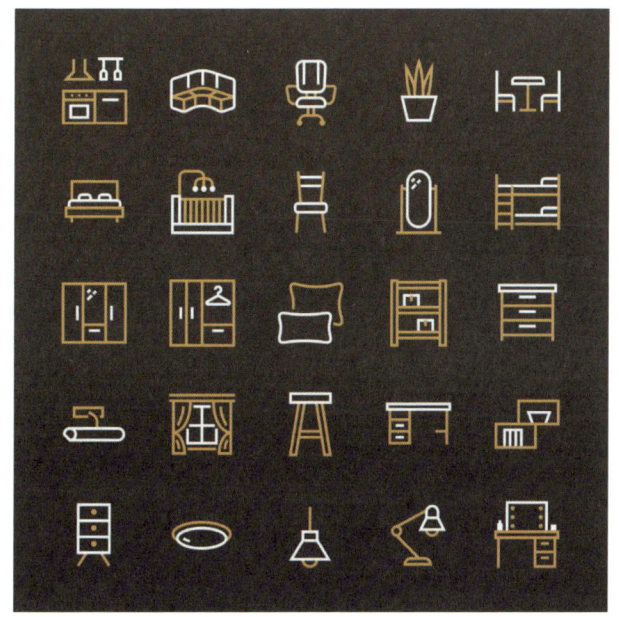
©Getty Images Bank

한 번 사면 오래 사용하게 되는 가구, 그렇기에 가구를 선택할 땐 취향과 함께 인체에 해롭지 않은 건강한 가구인지, 오래 사용해도 고장이 없는 튼튼한 가구인지 등 확인해야 할 요소가 많습니다.

가구 매장에 들어서면 침대, 붙박이장, 테이블 등 눈을 황홀케 하는 것이 많지만, 실제로 사려는 가구가 무엇으로 만들어졌는지, 유해 물질이 발산되지는 않는지 꼼꼼히 따져보아야 합니다.
가구를 만드는 데 들어가는 자재의 종류와 등급에 무엇이 있는지, 우리 가족과 아이에게 안전한 가구가 무엇인지 살펴보겠습니다.

가구를 제작할 때 원목을 사용하면 좋겠지만, 통으로 된 나무는 가격이 비싸므로 MDF와 PB로 제작하는 경우가 많습니다. MDF와 PB는 모두 분쇄된 나무를 접착제와 혼합하여 만드는 자재로, 가격이 싸고 가볍다는 장점이 있습니다.

그럼, 가구에 쓰이는 목재의 종류는 무엇이 있을까요?

1) 원목

원목은 나무를 여러 장 접착하지 않고, 나무 그대로를 재단한 목재를 말합니다. 다른 소재들에 비해 가장 친환경적이고, 목재의 질도 좋지만 그만큼 비싸다는 단점이 있습니다.

2) 집성목

집성목은 작은 원목 조각을 붙인 목재입니다. 집성목 가구를 고를 때는 조각을 붙일 때 유해 접착제를 사용했는지 확인해야 합니다. 원가 절감을 위해 친환경 접착제를 사용하지 않는 경우도 있기 때문이죠. 유해 접착제를 사용하면 인체에 유해한 포름알데히드 같은 물질이 나올 수 있습니다.

3) MDF

MDF는 나무의 섬유질을 추출하여 접착제와 섞어 고온·고압으로 가공한 목재입니다. 이 경우에도 굳히는 과정에서 접착제가 쓰이므로 유해 물질이 나오는지 꼭 확인해야 합니다.

4) PB

PB는 원목으로 목재를 생산하고 남은 부분을 작은 조각으로 부수어 접착제를 사용하여 고온·고압으로 가공한 목재입니다. 저가 가구에 자주 사용되는 목재로, 겉에 목재 모양의 시트지를 붙여서 사용합니다.

모든 목재에는 포름알데히드 검출 정도에 따라 등급이 매겨집니다. SE0를 최소 등급으로 시작해, E0〉E1〉E2까지 숫자가 높아질수록 포름알데히드가 많이 검출되는 목재입니다. 국내에는 E1 등급의 목재까지 실내 가구와 소품을 제작하는 데에 사용하고 있습니다.

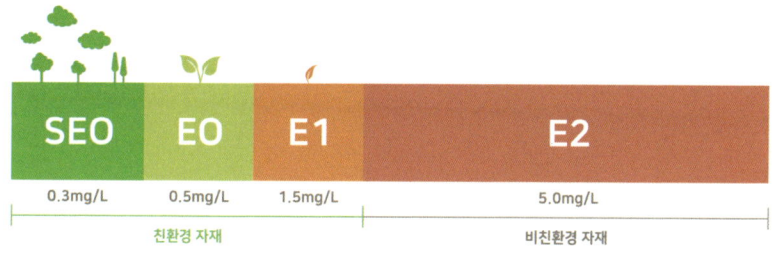

우리나라에서는 E1까지를 친환경 자재로 보지만, 선진국에서는 E1 등급은 실내 사용을 제한하고 있습니다. 따라서 가구를 살 때는 꼭 친환경 등급을 확인하고, 같은 가격에 비슷한 디자인의 가구라면 높은 등급의 가구를 선택하는 것이 좋습니다.

포름알데히드는 가구뿐만 아니라 책에도 있습니다. 새 책에서는 휘

발성의 포름알데히드가 방출되기 때문에 새 책을 샀다면 바람이 잘 통하는 곳에서 며칠간 통풍을 시키는 것이 좋습니다.

합성 화학물질은 알고 쓰면 편리하지만, 모르고 쓰면 독이 되기도 합니다. 기억력과 학습 능력을 저하시키지 않도록 합성 화학물질을 최소화하여 아이에게 안전한 공부방을 만들어주세요.

5. 학습용 의자 선택은 어떻게?

©Getty Images Bank

의자에 앉아있을 때는 상체의 무게를 척추가 지지해야 해서 서있을 때보다 훨씬 더 허리에 부담을 주게 됩니다.

따라서, 시트는 소재가 미끄럽지 않고, 앉아있는 면이 몸무게를 골고루 분산시킬 수 있는 것이 좋습니다. 넓이는 앉았을 때 엉덩이의 크기와 딱 맞고, 깊이는 등받이에 허리를 붙이고 앉을 수 있어야 합니다.

높이는 신발을 벗고 등을 등받이에 기대고 깊이 앉아 다리를 직각으로 했을 때 발이 편안하게 바닥에 닿는 높이가 알맞습니다. 의자는 몸에 맞는 높이로 조절해주고, 키가 작은 어린아이는 발 받침이 장착된 의자를 고릅니다.

팔걸이는 의자 팔걸이에 팔을 걸치면 힘이 분산되어 척추로 전해지는 부담을 10% 정도 줄일 수 있습니다. 가능한 짧은 것이 좋지만, 사람마다 팔 길이가 다르므로 조절 가능한 것을 선택하는 것도 하나의 방법입니다.

체형에 비해 큰 의자는 허리를 받쳐주지 못하므로 어린 자녀에게 큰 의자를 사주는 것은 가급적 피하는 것이 좋습니다.

회전형 의자와 고정형 의자는 어떤 차이가 있을까요?

ⓒGetty Images Bank

빙글빙글 움직이는 회전의자는 놀이기구처럼 매우 재미있는 장난감입니다. 회전의자에 달린 바퀴는 작은 움직임에도 빠르게 반응을 하여 공부에 집중하던 아이도 쉽게 산만해집니다. 비싼 비용을 내고 산 회전의자가 공부할 때는 방해가 되는 안타까운 상황입니다.

ⓒGetty Images Bank

그러나 회전의자와 달리 고정 의자는 바퀴가 없으므로 아이의 움직임에도 흔들림이 없어 집중에 도움을 줍니다. 또한, 앉은 자세 그대로 유지해주기 때문에 아이가 바른 자세로 앉아서 공부할 수 있습니다.

학습용 의자 선택 요령

1. 딱딱한 의자보다는 약간의 쿠션감이 있는 것이 좋습니다.
2. 등받이가 약간 기울어지는 의자가 좋습니다.
3. 성장기 학생의 경우 높낮이 조절이 되는 의자가 좋습니다.
4. 목받이가 없고, 팔걸이가 짧은 것이 좋습니다.

6. 책장은 아이의 눈높이에 맞게

 책장은 어린이 책장, 책상 일체형 책장, 단독 책장 등 다양한 종류가 있습니다. 이 중에 어떤 책장이 우리 아이에게 맞을까요? 우선 책장의 높이를 생각해보겠습니다.

 책장은 아이의 몸집에 맞아야 합니다. 아이가 손을 머리 위로 뻗었을 때 책장의 맨 위 상판이 손에 닿는 높이가 좋습니다. 아이의 성장을 고려하여 어느 정도 융통성을 발휘할 수는 있지만, 너무 높은 책장은 필요할 때 곧바로 책을 꺼내보기도 어렵고, 심리적으로도 답답한 느낌을 줄 수 있습니다. 그러므로 가능하면 아이의 키에 맞는 책장을 선택해야 합니다.

그다음으로는 책장의 형태를 고려해야 합니다. 물론 책장의 형태는 다양하므로 공부방의 구조와 취향에 따라 선택할 수 있습니다. 그러나 어떤 책장이든 모서리가 날카로운 책장보다는 라운딩 처리가 되어 있는 제품을 선택하는 것이 좋습니다.

자주 읽는 책은 눈높이에, 백과사전과 같은 전집은 책장의 위와 아래에 정리하는 것이 좋습니다. 반면, 아이들 책장에 자리 잡고 있는 학년이 지난 교과서, 참고서, 더 이상 보지 않는 문제집들은 버려야 합니다. 학습에 도움을 줄 수 있는 몇몇 기본서를 제외하고는 다시 꺼내보지 않는 경우가 대부분이기 때문입니다.

이러한 책들이 책장을 가득 채우고 있다면 답답하고, 해야 할 공부양이 많다고 느끼기 때문에 아이가 공부의 압박감을 느낄 수도 있습니다.

Chapter 04

오른손잡이, 왼쪽에 스탠드를 설치하라

1. 지나친 빛은 공해다

©Getty Images Bank

 분위기 좋다고 느끼는 레스토랑이나 카페에는 왜 환한 조명보다는 은은한 조명이 있을까요? 반면에 도서관이나 독서실에는 밝은 전등을 켜놓을까요? 그것은 바로 상황과 장소에 따라 조명이 주는 효과가 다르기 때문입니다.

 근사한 레스토랑이나 카페에 갔을 때는 아늑하고 편안한 느낌을 줄 수 있는 조명이 필요하겠지만, 도서관이나 독서실의 조명은 공부에 집중할 수 있도록 해야 할 필요가 있기 때문이지요.

 인공조명이 너무 밝거나 지나치게 많아 야간에도 낮처럼 밝은 상태가 유지되는 현상을 빛 공해라 부릅니다.

©Getty Images Bank

　이로 인해 식물은 낮과 밤을 구분하지 못해 정상적으로 성장하지 못하게 됩니다.
　야행성 동물의 경우에는 먹이 사냥이나 짝짓기를 제대로 못 해 결국 생태계가 교란되게 되며, 철새는 이동 경로를 상실하게 될 수도 있습니다.

©Getty Images Bank

　대부분의 천문대가 도시를 벗어나 첩첩산중에 있는 이유도 인공조명으로 인한 빛 공해를 피해야만 정확하고 선명한 천체를 관측할 수 있기 때문입니다.
　사람도 조명이 너무 밝으면 수면 장애는 물론, 운전할 때 교통신호를 오인하여 사고 확률이 높아지고, 운전자의 피로가 커지게 됩니다.

2. 생체 리듬에 맞춰진 인간 중심의 자연조명

©Getty Images Bank

자연의 빛과 사람 사이의 연관성을 유용하게 활용하기 위한 인간 친화적 조명 기술인 감성 조명이 요즘 많이 사용되고 있습니다.

감성 조명인 자연조명은 생활의 리듬을 살려주고, 스트레스 해소와 휴식에 도움을 주며, 업무의 집중력을 높이고, 창의력을 증가시킬 수 있습니다.

형광등에서 자연광과 비슷한 조명으로 초등학교 교실 조명을 전환하였더니 아이들의 결석률이 65%나 감소하였다는 연구 보고도 있습니다.

형광등보다 자연광이 좋은 이유는 자연광이 혈액 속의 코르티솔 수준을 낮추고 면역 체계를 강화하기 때문입니다.

또한 발광다이오드(LED)에서 나온 빛이 염증이나 피부 질환 치료에 효과적이라는 연구 결과가 최근 꾸준히 발표되고 있습니다.

빛의 파장에 따른 치료 효과

가시광선은 400nm(보라)~700nm(적색), 780nm 이상은 적외선

파장(nm, 나노미터)	효과
405~630	여드름, 사마귀 등 피부 질환 치료
630~660	염증 치유
660~970	자외선에 저항력
805~970	흉터 방지
870~970	피부 레이저 시술 후 색소 침착 방지

3. 뇌파를 활성화하는 조명

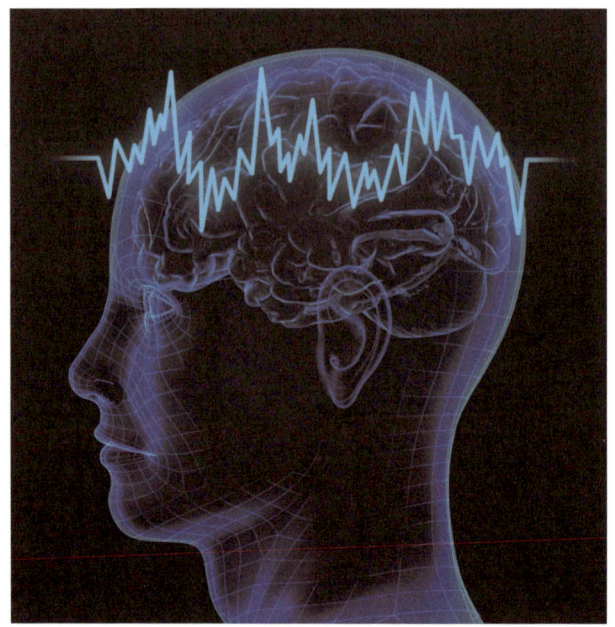

©Getty Images Bank

　사람은 분위기와 조명에 따라 신체 상태나 심리 상태가 다르고, 이에 따라 각기 다른 뇌파를 발산합니다. 뇌파는 크게 알파파, 세타파, 베타파, 델타파 4가지로 구분합니다. 흥분이나 긴장 상태처럼 각성 수준이 매우 높은 경우의 뇌는 베타파가 주로 발산됩니다.

　반면에 졸음이 오거나 잠을 잘 때는 델타파가 발산되며, 각성 수준이 적정한 상태에서는 알파파나 세타파가 나옵니다.

　공부할 때는 기억력과 집중력을 최대한 발휘하여 두뇌의 정보 처리량을 높이는 적정 수준의 각성 상태가 가장 좋겠지요. 즉, 알파파나 세타파가 많이 활성화되어야 합니다. 졸음이 오거나 잠을 잘 때처럼 각성 수준이 낮거나 흥분 상태처럼 각성 수준이 너무 높으면 학습 능률이 자연히 떨어지게 되기 때문입니다. 아이들이 종합적인 사고력이 필요한 공부에서 성과를 높이기 위해서는 좋은 교재와 효과적인 학습 태도가 중요합니다. 하지만 무엇보다 모든 학습의 기본 하드웨어인 두뇌의 상태가 학습에 적합해야 하겠지요.

그러면 공부를 할 때 집중에 도움이 되는 알파파나 세타파를 활성화하고, 베타파나 델타파를 줄이기 위해선 어떤 방법이 있을까요?

바로 빛과 조명을 적절히 사용하는 방법이 있습니다. 주로 실내에서 공부하거나 밤늦은 시간까지 공부하는 아이들에게 햇빛만으로 충분한 밝기를 확보하기는 쉽지 않기 때문에 조명을 사용하게 됩니다.
조명을 적절히 사용하면 학습에 도움이 되는 알파파나 세타파를 활성화해 두뇌의 정보 처리량을 늘리고 집중력과 기억력도 향상될 수 있습니다.

4. 조명의 변화가 성적을 변화시킨다

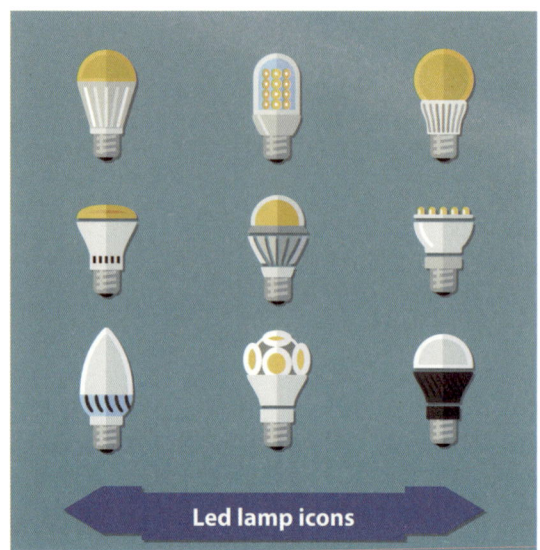
©Getty Images Bank

아이들의 공부방을 살펴보면 주로 형광등을 사용하고, 그마저도 형광등이 너무 어둡거나 책상을 제대로 비추지 못하는 경우가 많습니다.

또한, 전등의 색상이 적절하지 못하여 뇌파의 각성 수준을 적정 수준 이하이거나 너무 높게 만들기도 하며, 스탠드도 공부의 효율을 높이기보다는 눈의 피로를 가중시켜 학생의 시력을 저하시키는 경우가 있습니다.

이런 환경에서 우리 아이들이 공부하게 된다면 당연히 알파파나 세타파가 활성화되기는 쉽지 않겠지요.

따라서 아이들이 공부에 집중할 수 있게 하기 위해서는 조명에 대한 부모님의 관심과 과학적인 지식도 필요하다고 볼 수 있습니다.

즉, 개인의 상황과 감성에 따라 조명에 변화를 주어 학습 효과를 높일 수 있도록 하고, 공부 과목에 맞는 조명의 밝기와 색상을 선택해야 하며, 전열 기구도 공부방에 더 적절한 것을 선택할 수 있어야 합니다.

©Getty Images Bank

부모님은 주기적으로 공부방의 조명 밝기를 확인해주고, 형광등보다는 LED 스탠드 등을 활용하여 조명 밝기 조절을 할 수 있도록 해야 합니다. LED 조명은 소비 전력이 적고 수명이 길며, 빛 떨림 현상이 없어 시력 저하 예방에도 도움이 됩니다.

요즘에는 별도의 설치 없이 사용할 수 있는 LED 색온도/밝기 조절 스탠드도 있습니다. 간단한 버튼 조작만으로도 쉽게 과목별로 색온도와 밝기를 조절할 수 있어서 공부할 때 적정 수준의 각성 상태를 유지할 수 있습니다. 이는 기억력과 집중력을 최대한 발휘할 수 있도록 하는 데 도움을 줄 수 있습니다.

5. LED 스탠드로 과목별 조명을 달리하자

©Getty Images Bank

　최근 GS건설은 창의, 휴식, 사고, 집중 등 4개 모드에 따라 색온도를 골라 사용할 수 있는 LED 조명을 적용한 아파트를 선보였습니다.

　미술·음악·체육 같은 예술성과 감수성 학습에 적용하는 감수성 모드는 색온도 3,000K로, 국어·영어·사회 같은 어휘력과 사고력 학습에 적용하는 사고력 모드는 5,000K, 고도의 집중력과 분석 능력을 요구하는 수학·과학 공부에 적합한 집중력 모드는 6,000K, 휴식에 좋은 일반 모드는 4,000K를 선택하도록 설계되어 있습니다.
　과목별로 조명의 색깔을 달리하여 집중력에 도움을 주고자 했는데, 실제로 이런 조명의 변화가 집중력에 도움을 줄 수 있을까요?

　카이스트에서 조명의 영향에 관해 연구한 사례가 있습니다. 대전 대덕구에 있는 초등학교 학생들을 대상으로 연구한 바에 따르면, 멀티미디어 시청과 수학 문제를 풀 때의 집중력에 도움이 되는 조명은 각각 차이가 있었다고 합니다.

멀티미디어 시청에는 5,000K 정도의 색온도 조명에서 집중력이 좋아졌으나 수학 문제를 풀 때는 보통의 형광등보다 높은 6,000K 이상의 색온도 조명에서 정답률이 17% 이상 향상된 결과를 얻어냈다고 합니다.

『빛과 건강』의 저자 존 오트 박사도 "학생들이 다양한 색상의 색온도가 아닌 곳에서 공부하면 학습 부진의 주요 원인을 야기시킨다."라고 하면서 "다양한 스펙트럼 빛을 받은 학생들은 높은 학문적 성취, 적은 결석률, 과다 행동의 현저한 감소를 보여주었다."라고 하였습니다.

이처럼 공부의 집중력을 높일 수 있는 색온도가 과목에 따라 각기 다름을 알 수 있습니다.

공부의 성격이 다른 과목마다 조명의 효과를 얻기 위해서 색온도와 밝기가 조절되는 스탠드를 학생의 책상에 놓아준다면 공부 효과를 높이는 데 크게 기여할 수 있을 것입니다.

아이가 일찍 수학을 포기하거나 국어를 못해 다른 과목 이해에도 문제가 있다고 생각한다면 우선 조명에 변화를 주어 공부에 흥미를 느낄 수 있게 해보는 건 어떨까요?

LED 조명이 아무리 좋아도 조명 때문에 집을 바꿀 수는 없는 노릇.

그렇다면 간편하고 실용적인 방법을 생각할 수밖에 없지요. 바로 LED 스탠드를 이용하는 것입니다.

요즘 시중에는 스마트한 LED 스탠드가 많이 출시되고 있습니다. 관심을 두고 찾아보면 상황에 꼭 맞는 양질의 스탠드를 살 수도 있습니다.

학습용 LED 스탠드는 빛의 색온도가 구분되어 있어 그 종류에 따라 학습의 능률이 달라집니다. 그럼 어떤 LED 스탠드를 사야 할까요?
우선, 색온도의 범위가 **3,000~7,000K인 제품**을 고르는 것이 좋습니다. 만약 색온도 범위가 다양한 제품이 없다면 적어도 국어·영어·사회 과목 등 사고력 공부와 수학·과학 등 집중 탐구 공부에 적절한 색온도 조절이 가능한 제품을 사야 합니다.
사고력 공부에는 3,800~5,000K의 노란색 계열 조명이 좋습니다.

또한, 집중 탐구 공부에는 색온도가 높고 집중력을 극대화할 수 있는 약 6,000~7,000K의 파란색 계열 조명이 필요합니다.

그러므로 적어도 이 두 가지 색온도를 각기 전환하면서 사용할 수 있는 스탠드를 고르도록 해야 하겠지요.

1) 국어, 영어는 밝은 노란빛

색온도 3,800~5,000K에서는 밝은 노란색 빛이 나옵니다. 이 빛은 국어, 영어, 사회같이 언어를 바탕으로 한 이해와 암기력을 요구하는 과목의 학습에 도움이 됩니다. 또한, 피로를 완화하는 효과도 있어서 장시간 집중이 필요한 학습에 효과적입니다.

2) 수학, 과학은 파란색 빛

색온도 6,000~7,000K에서는 파란색 빛이 나옵니다. 이 빛은 뇌를 자극하여 사고의 속도를 높여주기 때문에 주의력과 집중력을 한층 높여주고, 빠른 두뇌 회전에 도움이 됩니다. 그러므로 이 빛은 논리적 사고력을 요구하는 수학, 과학 등의 과목을 공부하는 데 적절하다고 볼 수 있지요.

빨간색이나 밝은 원색의 조명이 뇌파를 각성시켜주고 졸음을 쫓아낼 것 같지만, 실제로는 파란색 조명이 졸음을 쫓아내 준다는 연구 결과가 있습니다.

미국 토머스 제퍼슨 대학 연구진들은 파란색 조명과 초록색 조명을 실험자에게 6시간 비추었는데, 파란색 조명이 졸음도 적게 오고 판단 능력도 더 좋았다는 연구 결과를 발표하기도 했습니다. 그렇다면 늦은 시간까지 공부하는 학생들이 파란색 조명을 사용한다면 밤에 느슨해진 신경을 각성시켜 효과적으로 공부하는 데 도움을 줄 수 있을 것입니다.

3) 예술과 창의력은 강한 붉은 빛

색온도 2,500~3,000K에서는 강한 붉은 빛이 나옵니다. 이 빛은 감성을 높여주기 때문에 예술적 활동이나 창의력이 필요한 학습에 적당합니다. 또한, 정신적인 피로를 낮춰주기 때문에 휴식을 취할 때도 도움이 됩니다.

TIPS

색온도란?

색온도는 켈빈(K)이라는 단위로 표시되며, 이 값으로 조명 전구의 빛이 따뜻한 느낌인지 차가운 느낌인지 판단할 수 있습니다.

7. 눈에 독이 되는 블루라이트

©Getty Images Bank

　부모는 어린아이를 재우기 위해 보통 전체 조명등이 아니더라도 야간 조명등은 켜놓는 경우가 있습니다.
　아이가 성장해서도 습관적으로 야간 조명등을 켜놓기도 합니다. 야간 조명등은 필요시에 잠깐 사용하는 것은 괜찮겠지만, 아이가 잠든 한밤중에도 계속 켜놓는 것은 자제하는 것이 좋습니다.

　수면 상태에서 조명을 받으면 멜라토닌 분비가 저하되어 잠들기까지 시간이 오래 소요됨은 물론, 잠을 깊이 자는 데도 어려움이 있습니다.

　미국 펜실베이니아 대학교 메디컬센터 연구팀의 연구에 의하면 만 2세 전에 야간 조명등이나 전체 조명등을 켜놓고 재운 아이들은 조명을 끄고 재운 아이에 비해 근시가 될 비율이 훨씬 높다는 연구 결과가 있습니다.

야간 조명을 켜놓고 재운 아이 중 2~16세에 근시가 된 비율은 34%, 실내등을 켜놓고 재운 아이 중 근시가 된 비율은 55%, 조명을 끄고 재운 아이 중 근시가 된 비율은 10%임을 알 수 있습니다.

또한, 미국 브랜다이스대 레슬리 그리피스 교수팀은 초파리 실험을 통해 뇌 부위 신경 회로가 잠과 기억 과정에 동시 관여한다는 것을 알아냈습니다. 공부한 것을 기억하려고 하면 잠자라는 신호를 보낸다는 것입니다. 잠이 오게 하는 신경 회로와 기억을 형성하는 신경 회로가 서로 밀접하다는 것이지요. 그렇다면 잠을 잘 자는 아이가 공부도 잘한다고 볼 수 있을 것입니다.

그러면 어떻게 하면 잠도 잘 자고, 공부도 잘할 수 있게 할 수 있을까요?

<u>수면 중에는 주변을 어둡게 하여 낮에 활동하는 동안 소모된 시세포를 재생시킬 필요가 있습니다.</u> 어린아이의 경우 자는 동안에도 안구 성장이 이뤄지는 만큼 두꺼운 커튼을 사용하여 밖으로부터 들어오는 빛을 차단하는 것이 필요합니다. 수면 중에 완전한 빛 차단이 없으면 눈의 피로를 자주 느끼게 되며, 이는 집중력 저하와 만성피로로 이어지게 됩니다.

평소 아이가 책 읽기를 싫어하거나 거부감을 드러낸다면, 무조건 강요만 할 것이 아니라 시력에 문제가 없는지 확인해볼 필요가 있습니다. 떨어진 시력으로 장시간 책을 읽기가 어려워서 아이의 집중력 또는 학

습 능력에 직접적인 영향을 미칠 수 있기 때문입니다.

©Getty Images Bank

혹시 아이가 어두운 밤에 엄마 몰래 스마트폰으로 게임을 하거나 웹툰을 보는 경우가 있지는 않은가요? 많은 가정에서 이 문제로 부모의 걱정거리가 늘고 있지요.

전자기기에서는 블루라이트가 방출됩니다. 이는 가시광선 파장 내에서 청색광이 가장 강하게 발하는 380~500nm 사이의 빛을 말합니다.

이 빛은 유해한 빛으로 장시간 우리 눈에 노출되면 선명한 시야를 방해하고, 안구 건조, 눈 피로, 불면증, 어깨 결림, 요통 등 인체에 안 좋은 영향을 미치게 됩니다. 요즘처럼 컴퓨터, 스마트폰, LED 디스플레이가 보급된 시대에는 우리도 모르는 사이에 이 빛에 노출되게 되어 시세포 노화 및 생체리듬에 불안정한 상태를 유발하게 됩니다. 어쩔 수 없이 전자기기에 노출될 수밖에 없다면 블루라이트 차단에 신경을 써야 합니다.

블루라이트를 차단하기 위해서는 액정 보호 필름, 액정 강화 유리, 시력 보호 안경을 준비해야 합니다. 적절하지 않은 조명은 눈의 피로를 증가시켜 시력 및 집중력이 떨어집니다. 밝지 않은 장소에서는 더 많은 빛을 획득하기 위해 동공을 확대하게 되지요. 이런 상태가 지속되면 눈에 피로감이 커지게 됩니다. 눈의 초점을 조절하는 수정체 또한 어두운 곳에서 제 기능을 발휘하기 위해 에너지를 많이 소모하게 되므로 눈의 피로가 지속될 수 있습니다.

이렇듯 아이에게 적절한 조명을 선택하는 것은 무척 중요합니다. 적절한 조명은 눈을 보호할 수 있고, 피로를 줄여 집중력이 좋아지는 효과가 있습니다. 하지만 적절하지 않은 조명은 몸에 피로감을 주며 집중력 저하, 시력 저하 등 다양한 문제를 발생시킵니다.

8. 스탠드는 전체 등과 같이 사용하자

©Getty Images Bank

　조명과 관련된 잘못된 습관 중에 또 한 가지는 전체 조명을 절전한 상태에서 보조 조명등인 스탠드를 사용하는 경우입니다. 전체 조명등을 절전한 상태에서 스탠드만 켜놓고 사용하게 되면 스탠드 불빛이 눈에 직접적인 자극을 주게 됩니다. 그로 인한 밝기 차이 때문에 눈의 피로도가 높아져 근시나 시력 감퇴의 원인이 될 뿐만 아니라 졸음도 빨리 느끼게 됩니다.

　그러므로 반드시 전체 조명등을 켜놓은 채 보조 조명 기구인 스탠드를 사용하는 습관을 들이는 것이 좋습니다.
　또한, 보조 등의 조명이 직접 눈에 들어오지 않도록 전등갓을 씌워 눈의 자극을 피하도록 하는 것도 중요합니다. 스탠드의 길이는 책상을 전체적으로 충분히 비출 수 있도록 긴 전등을 사용하는 것이 좋습니다.

그러면 아이들이 책상에서 많이 사용하는 스탠드는 어떻게 사용하면 좋을까요?

우선 스탠드를 사용할 때 스탠드 불빛에 의해 손 그림자가 생기지 않아야 합니다. 오른손잡이는 왼쪽에, 왼손잡이는 오른쪽에 스탠드가 있어야 한다는 것이지요. 아이가 아무 생각 없이 스탠드를 놓고 사용하고 있다면 손 그림자가 생기지 않도록 위치를 바로잡아주어야 합니다.

책상에 컴퓨터를 둘 경우 모니터에 조명이 반사되지 않도록 설치하고, 책상 위의 유리도 조명의 빛을 반사하므로 사용하지 않는 것이 좋습니다.

이제 부모님들은 우리 아이들의 공부방 조명에 관심을 두고 전체 조명과 스탠드의 밝기와 색상은 물론 위치까지 꼼꼼하게 확인해볼 필요가 있겠지요? 조명으로 아이가 최적의 뇌파를 활성화해 공부한다면 공부 효과도 최상이 될 가능성이 크다고 볼 수 있기 때문입니다.

눈의 피로를 줄이는 조명

1. 책상에 알맞은 조명 조도는 약 300~100럭스(LX)이다.
2. 스탠드 뿐 아니라 전체 조명도 함께 사용한다.
3. 조명이 너무 밝으면 오히려 집중력이 감소한다.
4. 조명이 너무 어두우면 피로감이 증가한다.
5. 자연광에 가까운 백열등이 눈의 피로를 감소시킨다.

6. LED 조명은 자연 본연의 색을 구현하는 정도가 매우 우수하고, 조도와 색온도를 조절할 수 있는 것은 집중력 향상과 눈 피로 감소에 도움을 준다.

조명 기구 단위 상식

와트(W)와 루멘(LM), 럭스(LX)

1. 와트는 전구 점등 시 소비되는 전력이다. 일반적으로 대중적 삼파장 전구는 20W, LED 전구의 와트는 삼파장 전구의 절반이다.
2. 루멘(광속-광선의 총출력량)은 전구의 밝기
3. 루멘은 높을수록 밝고, 와트는 낮을수록 전기료를 절약할 수 있다. (와트는 밝기가 아니라는 점!)
4. 럭스(조명의 밝은 정도를 말하는 조명도의 단위)는 1m의 광속이 균일하게 분포한 $1m^2$의 면의 조도가 1LX이다.

눈 건강을 위한 좋은 습관

1. 50분 공부하면 10분 휴식한다.
2. 방의 습도를 적절히 유지한다.
3. 공부할 때는 조명을 두 개 켠다.
4. 눈을 자주 깜박여준다.
5. 책과의 거리를 적당히 둔다.
6. 눈부심은 최대한 줄인다.

7. 안약은 올바로 사용한다.

8. 지하철이나 버스에서 DMB를 보거나 스마트폰을 하지 않는다.

9. 눈에 좋은 비타민A를 섭취한다.

10. 정기적인 안과 검진을 받는다.

11. 전광판 빛이나 직사광선을 직접 응시하지 않는다.

Part 2

눈에 보이는 습관, 눈에 보이지 않는 습관

Chapter 01

공부방에서 버릴 것을 찾아라

1. 공간이 정신을 지배한다.

ⓒGetty Images Bank

모든 사람은 공간이라는 곳에 머뭅니다. 학생이라면 학교에서 학원이라는 공간으로 이동하고, 또 집이라는 공간으로 이동합니다. 집에서는 공부방이라는 자신만의 공간으로 들어갑니다. 이렇듯 사람은 항상 공간을 이동하면서 지내는 생활을 영위합니다.

아이들에게 공간 중에서도 가장 중요한 곳은 독립적인 생활을 할 수 있는 자신의 방입니다. 취학 전 아이는 놀이 공간으로서의 방의 기능이 중요한 시기이고, 초등학생에게는 공부와 놀이를 함께할 수 있는 공간으로서의 방의 기능이 중요한 시기입니다.

중, 고등학생은 사생활을 중요하게 여기기 때문에 독립적인 공간 확보가 중요합니다. 나만이 점유하고, 머물고, 사색하고, 몰두할 수 있는 공간이 반드시 필요합니다.

이때 아이의 독립적인 공간은 단순히 방이 아니라 좋은 영향을 주는 곳이어야 합니다. 아이가 성장하고, 그 미래가 결정되고, 달라지는 공간이기 때문에 아이의 공부방 환경을 조성해주는 것은 매우 중요한 문제입니다.

공부방은 어떻게 배치하고, 정리하고, 정돈하느냐에 따라 공부방을 사용하는 아이의 성향이나 삶의 태도도 달라집니다. 이때 공부방은 단순히 '나만의 공간'이라는 의미 이상의 깊은 의미를 가지게 됩니다. 그렇게 한 사람의 삶이 달라지면 그 주위 사람들과 더 넓은 세상에 존재하는 더 많은 사람의 삶도 함께 달라질 수 있습니다.

미국의 34대 대통령인 아이젠하워는 인천 상륙작전으로 우리에게 잘 알려진 맥아더와 더불어 2차 세계대전의 영웅 중 한 명입니다. 그는 책상을 항상 깨끗하게 정리했으며, 할 일을 뒤로 미루지 않고 곧바로 처리하는 것으로 유명합니다.

주위를 항상 깔끔하게 정리, 정돈했던 그는 아무리 복잡한 문제도 단순하게 만드는 능력이 있었으며, 그런 능력을 바탕으로 많은 일을 이룰 수 있었습니다.

자신이 점유하고 있는 공간에 대한 통제력을 가지고 있다는 것은 상황을 주도적으로 이끌 수 있는 기본적인 능력과 인성을 가지고 있다는 의미이기도 합니다. 진정한 리더십과 추진력은 바로 이러한 기본적인 능력에서 나오는 것입니다.

 아이가 점유하고 있는 공간인 공부방을 정리, 정돈하지 않은 상태로 방치한다는 것은 이러한 기본기를 소홀히 하고 있다는 의미입니다.

2. 정리를 잘하는 아이가 성적도 좋다

학교에 갈 때만 되면 모든 집이 바빠집니다. "숙제랑 준비물은 어디에 있지? 단어장은 어디로 간 거지? 아 이런, 가방은 또 어디에 놓았지?" 공부방은 늘 정리가 안 된 상태로 어수선하고, 물건을 찾느라 허둥대는 시간을 허비합니다.

상황이 이렇다면 이미 제대로 된 공부와는 일찌감치 멀어진 것. 이 아이는 공부를 잘하고 싶어도 잘하기가 힘듭니다. 공부는 습관입니다. 공부에 필요한 준비물을 정리해놓지 않고 필요할 때마다 찾아 헤매는 습관을 가진 아이는 공부를 할 때도 헤매지 않을까요?

학창 시절 같은 반에 성적 좋은 아이들을 자세히 관찰해본 사람이라면 정리 습관과 공부 습관이 일맥상통한다는 사실을 잘 알 것입니다. 공부를 잘한다는 것은 지식을 머릿속에 마구 집어넣는 것이 아니라 필요할 때 머릿속에서 꺼내 쓸 수 있도록 분류하고 정리해 넣는다는 의미입니다. 그래서 성적이 좋은 아이들은 노트도, 준비물도, 공부방도, 그리고 머릿속도 모두 정리를 잘합니다.

우등생 중에도 겉으로 보기에는 어수선해보이는 아이들이 있습니다. 그러나 이런 아이들도 조금만 더 잘 관찰해보면 필요한 물건과 지식을 적재적소에 꺼내 쓸 수 있도록 나름의 규칙을 가지고 정리해두었다는 사실을 알 수 있게 됩니다.

심리학에서는 **기억을 '단기 기억-중기 기억-장기 기억' 3단계로 구분합니다.** 단기 기억은 머릿속으로 'INPUT' 되어 들어왔지만 금세 사라지거나 'OUTPUT' 해낼 수 없는 기억이고, 중기 기억은 일정 기간 머리에 머물러 있지만 같은 내용을 다시 접하거나 복습하지 않으면 영구적인 기억이 되지 않는 기억입니다. 그리고 장기 기억은 머리에 'INPUT' 된 내용을 언제든지 'OUTPUT' 해낼 수 있도록 반영구적으로 각인된 기억을 의미합니다.

지식을 장기 기억화하기 위해서는 복습을 통해 반복적으로 같은 내용을 숙달하거나 강렬한 추억과 기억을 결합해야 합니다. 그러나 지식은 방대하므로 항상 강렬한 기억 자극을 주기가 어렵습니다. 그래서 강렬한 기억을 만드는 대신 반복과 복습을 통해 기억을 강화하는 것입니다.

그런데 이처럼 장기화된 기억은 머릿속에 아무렇게나 떠다니는 것이 아니라 마치 도서관 책장에 책들이 잘 정리되어 있는 것처럼 체계적으로 분류되어 두뇌의 특정한 부위에 저장됩니다. 그리고 이렇게 저장된 기억은 언제 어디서나 꺼내 활용할 수 있는 장기 기억이 되는 것입니다.

지식을 장기 기억화하는 데 익숙해져 있는 아이들은 공부방을 정리할 때도 마찬가지입니다. 우등생의 공부방은 대부분 체계적으로 잘 정리되어 있고, 공부에 방해되는 사물을 최소화하여 외형적으로도 말쑥하고 깔끔한 상태인 경우가 많습니다. 이런 공부방에서는 심신이 안정되고 필요한 물건이나 학교 준비물을 찾는 데 걸리는 시간도 훨씬 아낄 수 있습니다.

더 중요한 사실은, 평범한 아이도 공부방을 정리하는 습관을 들이기 시작하면 노트 정리를 비롯한 머릿속에 지식을 정리하는 솜씨도 함께 좋아진다는 것입니다.
　이런 습관을 오래 지속하면 공부에 관심이 없는 아이도 공부에 관심을 가지게 됩니다.

3. 정리는 아이의 평생 습관

©Getty Images Bank

　정리도, 공부도 습관이라는 사실에 대해서는 이미 언급한 바 있습니다. 세 살 버릇 여든 간다는 말처럼 아이의 생활 습관은 유아기부터 다져집니다. 정리 습관 역시 그렇습니다.
　아이에게 정리와 수납을 즐거운 놀이로 인식시키고, 어릴 때부터 스스로 정리하는 습관을 심어주는 것이 중요합니다. 이런 습관을 길러주기 위해서는 먼저 엄마는 열심히 치우고 아이는 열심히 어지럽히는 구도를 반드시 바꿔야만 합니다. 단순히 공부방이 깨끗하다고 해서 공부를 잘할 수 있는 것은 아닙니다. 스스로 사물과 환경, 머릿속을 정리, 정돈할 수 있는 능력을 길러줘야만 결국 공부를 잘하는 아이로 자랄 수 있습니다.

그러나 정리하는 습관이 하루아침에 생기지는 않습니다. 아이에게 정리하는 습관을 알려주기 위해서는 우선 깨끗하게 정리된 공부방이 얼마나 좋은 것인지를 인지시켜주어야 합니다.

아이가 스스로 정리할 능력이 없을 때는 시범을 보이는 차원에서 아이의 공부방을 부모님이 깨끗하게 정리하는 모습을 먼저 보여줘야 하는 경우도 있습니다.

©Getty Images Bank

이때는 아이가 보는 앞에서 최대한 깨끗하게 공부방을 정리해줍니다. 지저분한 가구들은 새롭게 수선하거나 깨끗한 가구로 바꿔주는 것이 좋습니다. 쓰레기통도 가급적 치우는 것이 좋습니다. 그렇게 시범을 보여도 정리하는 습관이 없는 아이는 방을 다시 어지럽히기 시작할 것입니다.

여기서 중요한 것은 항상 깨끗한 상태를 유지해주는 것입니다. 아이가 다시 방을 어지럽힌다고 해서 짜증을 내거나 포기해서는 안 됩니다.

4. 책과 친해질 수 있을까

©Getty Images Bank

    책은 아이들에게 최고의 선생님이자 가장 좋은 친구입니다. 하지만 아이들이 책과 친해지기는 쉽지 않습니다. 아이들이 책에 매력을 느끼도록 하기 위해서는 어떻게 해야 할까요?

    먼저, 아이들의 책상 속에 자리 잡고 있는 학년이 지난 교과서 및 참고서, 더 이상 보지 않는 문제집들은 버려야 합니다. 학습에 도움을 줄 수 있는 중요한 책을 제외하고는 다시 꺼내보지 않는 경우가 대부분이기 때문입니다. 학년이 올라갈수록 이런 경우가 점점 더 많아집니다. 이러한 책들이 책장을 가득 채우고 있다면 답답하고, 해야 할 공부양이 많다고 느끼기 때문에 아이가 공부의 압박감을 느낄 수도 있습니다.

©Getty Images Bank

아이의 나이에 따라 다르지만 '**전집**'도 버려야 할 대상 중 하나가 될 수 있습니다. 어릴 때 산 전집이 중, 고등학생 때까지 책장에 꽂혀있다면 굳게 마음먹고 과감하게 버리는 것을 추천합니다.

이렇게 정리를 했다면 아이들이 책과 친해지도록 책장을 다시 정리해야 합니다. 유아기의 아이들이 책과 친해지도록 하는 정리 방법은 아이들이 좋아하는 책의 표지가 정면으로 보이게 놓는 것입니다.

아이가 학교에 입학하고 나면 책장에 이름을 붙여주세요. 책장 한

칸마다 재치 있고 센스 있는 이름표를 붙여주면 아이가 책에 더욱 친근함을 느낄 수 있습니다.

그리고 다 읽은 책은 정리할 때 책장에 거꾸로 뒤집어놓으면 읽은 책과 읽지 않은 책을 자연스럽게 구분할 수 있습니다.

이렇게 책장을 정리해놓으면 아이들이 자연스럽게 책과 친해질 수 있습니다. 센스 있는 책장 정리를 통해 아이들의 책 읽는 습관을 길러 줍시다!

책 정리와 읽기 능력은 상관관계가 있습니다. 읽기 능력은 학습하기 위한 기본적인 능력입니다. 요즘은 '**스토리텔링**'을 강조하고 있지요. 하지만 읽기 능력이 낮은 아이들은 문제를 이해하지 못하는 경우가 생깁니다. 내용을 외우는 것은 벼락치기로 할 수 있을지 몰라도 읽기 능력은 꾸준히 키워주어야 합니다.

책을 읽는 방법은 정독, 다독, 속독과 같은 여러 가지가 있습니다. 아이들이 저학년일 때는 다독이 좋지만, 고학년으로 올라갈수록 정독을 해야 학습에 도움이 됩니다.

심리학자인 프란시스 로빈슨은 'SQ3R'이라는 읽기 기법을 개발했습니다. 이 기법은 훑어보기(Survey), 질문하기(Question), 자세히 읽기(Read), 되새기기(Recite), 다시 보기(Review)의 다섯 단계를 거쳐서 읽는 방법인데요. 이렇게 한 번 읽고 지나가는 것이 아니라 여러 단계를 걸쳐 다각도로 읽는다면 놓치는 내용 없이 모두 이해할 수 있겠죠?

5. 집중력을 높이는 정리 Know-how

집중력을 높이기 위해서는 아이들이 사용하는 공부방 주변이 어떻게 정리되어있는지가 중요합니다. 각 공간의 정리 확인 사항을 체크해 보면 좋습니다.

©Getty Images Bank

책상 위와 책꽂이 확인 사항은 첫 번째는 더 이상 사용하지 않는 교재가 책꽂이에 꽂혀있는지, 두 번째는 공부와 상관없는 물건이 책상에 놓여있는지, 세 번째는 공부를 마친 책을 정리하지 않고 다음 날까지 책상 위에 펴놓았는지, 네 번째는 책상 한쪽에 교과서와 공책이 쌓여있는지입니다. 확인 후 정리가 안 되어있는 경우에는 4단계를 거쳐서 정리해주세요.

1단계는 꺼내기입니다. 책상에 공간을 나누어 그 공간에 있는 물건들을 전부 바닥에 꺼내놓습니다.

2단계는 나누기입니다. 수업이나 시험공부에 사용할 것과 사용하지 않는 것으로 나눕니다.

3단계는 줄이기입니다. 보관할 것을 분류해서 정리하고, 나머지는 버리도록 합니다.

4단계는 집어넣기입니다. 보관할 것을 모두 서랍이나 책꽂이에 넣습니다.

©Getty Images Bank

책상 서랍 확인 사항은 첫 번째는 수납 장소가 정해지지 않은 물건을 마구 넣어놓았는지, 두 번째는 문구류나 잡동사니가 뒤죽박죽 섞여있는지, 세 번째는 필요 없는 인쇄물이나 교재를 서랍에 넣어두었는지입니다. 확인 후 정리가 안 되어있는 경우에는 4단계를 거쳐서 정리해주세요.

1단계는 꺼내기입니다. 서랍을 한 단씩 정하여 그 안의 물건을 전부 책상 위에 꺼내놓습니다.

2단계는 나누기입니다. 지난 한 달 동안 사용한 물건과 사용하지 않은 물건으로 나눕니다.

3단계는 줄이기입니다. 물건의 양을 줄여서 한눈에 파악할 수 있게 만듭니다.

4단계는 집어넣기입니다. 서랍 앞쪽에는 자주 사용하는 아이템을 수납합니다.

©Getty Images Bank

책장 확인 사항은 첫 번째는 책상 위에도 책이 놓여있는지, 두 번째는 책의 종류가 뒤죽박죽 섞여있는지, 세 번째는 책 위에 책이 또 쌓여있는지, 네 번째는 책이 바닥에 흩어져있는지입니다. 확인 후 정리가 안 되어있는 경우에는 4단계를 거쳐서 정리해주세요.

1단계는 꺼내기입니다. 바깥으로 나와있는 책부터 시작합니다.

2단계는 나누기입니다. 언제 읽었는지 기억하는 것과 기억하지 않는 것으로 나눕니다.

3단계는 줄이기입니다. 20%의 공간을 만들 때까지 계속해서 줄여나갑니다.

4단계는 집어넣기입니다. 책이 앞을 보도록 가지런히 꽂아 정리합니다.

ⓒGetty Images Bank

 필통과 도구 상자 확인 사항은 첫 번째는 여러 물건이 잔뜩 들어있어서 무엇이 있는지 잘 모르는지, 두 번째는 한 달 이상 사용하지 않은 물건이 들어있는지, 세 번째는 고장 나거나 다 쓴 필기도구가 들어있는지, 네 번째는 내용물이 너무 많아 잘 닫히지 않는지입니다. 확인 후 정리가 안 되어있는 경우에는 4단계를 거쳐서 정리해주세요.

1단계는 꺼내기입니다. 필통이나 도구 상자 안의 내용물을 전부 꺼냅니다.

2단계는 나누기입니다. 매일 사용하는 것과 사용하지 않은 것으로 나눕니다.

3단계는 줄이기입니다. 지금 쓰지 않는 물건이라면 아직 사용할 수 있어도 처분하도록 합니다.

4단계는 집어넣기입니다. 하나씩 원래의 자리에 보관합니다.

©Getty Images Bank

옷장 확인 사항은 첫 번째는 오래 입지 않은 옷이 옷걸이에 걸려있는지, 두 번째는 옷이 서랍에 다 들어가지 않아서 쌓여있는지, 세 번째는 옷이 너무 많이 들어가있어 서랍이 잘 닫히지 않는지, 네 번째는 신발이나 가방 등이 옷장에 섞여서 방치되어 있지 않은지입니다. 확인 후 정리가 안 되어있는 경우에는 4단계를 거쳐서 정리해주세요.

1단계는 꺼내기입니다. 서랍의 일부, 혹은 옷걸이가 걸려있는 봉 절반에 해당하는 양을 전부 꺼냅니다.

2단계는 나누기입니다. 종이 가방에 상의, 하의 등 종류별로 나누어 담습니다.

3단계는 줄이기입니다. 입지 못하게 된 옷들은 모아서 다른 사람에게 주거나 기부합니다.

4단계는 집어넣기입니다. 원래 보관하던 장소에 잘 개어서 넣습니다.

 이렇게 공부방 주변을 단계별로 정리해둔다면 물건도 찾기 편해집니다. 그리고 주변이 정리되고 깨끗하니 집중력 향상에도 도움이 되겠지요.

6. 아이의 눈높이에 맞는 청소 도구

©Getty Images Bank

집 안에 물건이 지저분하게 흩어져 있으면 정신이 산만해지고, 하는 일에 집중하기가 어렵습니다. 그래서 지저분한 아이의 공부방을 목격하게 되면 정리하라고 잔소리를 하게 되는데요.

어떻게 하면 우리 아이가 정리하는 습관을 만들 수 있을까요? "세 살 버릇 여든까지 간다."라는 말이 있습니다. 습관은 어릴 때 만들어주는 것이 가장 좋지요. 영어만 조기교육이 있는 것이 아니라 정리 습관도 조기교육이 필요합니다.

정리 및 청소하는 도구를 아이 방에 준비해주세요. 재미있는 청소 도구는 아이들의 정리 습관에 도움을 줍니다.

1) 귀여운 곤충 모양의 지우개 청소기

아이들이 글씨 연습을 하거나 그림을 그리면서 나오는 지우개 가루는 바닥에 흩어져서 청소하기 까다롭습니다.
곤충 모양의 지우개 청소기는 장난감처럼 가지고 놀면서 청소를 할 수 있어서 아이가 즐겁게 청소를 할 수 있습니다.

2) 농구 골대 모양의 세탁물 바구니

아이들은 옷을 세탁실까지 가지고 가는 것을 귀찮아합니다. 이때 아이의 방에 농구 골대 모양의 빨래 바구니를 놓아줍니다.
빨래를 바구니 안으로 던져서 넣거나 덩크슛하듯이 넣는 흥미를 주어 자연스럽게 정리하는 습관을 들일 수 있습니다.

3) 덧버선 걸레

아이들이 신는 덧버선 밑바닥이 걸레로 만들어진 신발이 있습니다. 덧신을 신고 바닥을 밀면서 다니면 바닥이 닦이는 신발인데요. 아이들이 재미를 느끼며 청소할 수 있습니다.

4) 어린이용 진공청소기

아이들이 사용하기 편한 진공청소기도 있습니다. 장난감처럼 생겼지만, 흡입력은 일반 진공청소기만큼 강해서 청소 효과도 좋습니다.

이제부터 청소하라는 지긋지긋한 잔소리를 하지 말고, 아이들의 눈높이에 맞춰 정리하는 습관을 길러주세요!

이처럼 아이들이 직접 정리 정돈을 하면 가져오는 긍정적인 효과가 있습니다. 정리하는 습관은 전두엽을 발달시키고, 전두엽은 아이들의 학업 성적에 영향을 미칩니다. 아이들은 정리를 통해서 자율성을 발달시킬 수 있을 뿐만 아니라 정돈과 흐트러진 것을 구별하고 불필요한 것을 알게 되면서 분별력 또한 기를 수 있습니다.

정리 습관이 아이에게 미치는 긍정적인 영향은 셀 수 없을 정도로 많습니다. 그러므로 부모님들이 아이의 방을 청소하고 정리하는 것이 아니라, 아이 스스로 정리할 수 있도록 해주셔야 합니다.

7. 정리의 시작, 버릴 것을 찾아라

©Getty Images Bank

깔끔하게 정리된 방에서는 계속해서 머물고 싶은 기분이 듭니다. 그렇지만 보통 우리 아이의 공부방은 깔끔함과 거리가 멀어보입니다. 그래서 창문을 열고 청소기를 들었지만 어디서부터 어떻게 정리를 해야 하는지 구별되지 않는 경우가 많습니다.

아이의 방을 정리하기 위해서는 먼저 쓰레기봉투를 준비하는 것이 좋습니다. 공부와 관련이 없는 물건들이 주변에 있다면 아이의 집중력이 분산되기 쉽습니다.

아이의 방문을 열고 들어가면 창고인지 공부방인지 분간이 안 갈 때가 있습니다. 아이의 방에서 버려야 할 물건이 있다면 과감하게 버려주세요.

어렸을 때 하나씩 사주었던 장난감이나 인형들도 정리해야 할 대상입니다. 한꺼번에 모두 정리해버리면 아이가 허전하게 느낄 수 있으니 아이가 사용하지 않는 장난감이나 인형들부터 하나씩 아이의 방에서 정리해주시면 됩니다.

아이의 방에 있는 불필요한 물건들을 효율적으로 버리기 위해서는 물건을 종류별로 모아놓고 분류하면 편합니다. 예를 들어, 책은 책끼리, 문구류는 문구류끼리 종류에 따라 한곳에 모아놓습니다. 그다음 필요 없다고 판단되는 물건들과 재사용할 수 있는 물건들로 분류하면 효율적인 정리를 할 수 있습니다.

버리기로 한 물건들은 웬만하면 다른 사람들 눈에 띄지 않게 버리는 편이 좋습니다. 다시 사용할 수 있거나 볼 수 있다고 다시 가져갈 수 있으므로 버려야겠다고 결정했다면 최대한 신속하게 버리는 편이 좋습니다.

정리하기 위해 꺼낸 물건들이 깊숙하고 어두운 수납장에서 꺼낸 물건들이거나 높은 책장 꼭대기에서 찾아낸 먼지가 가득 쌓인 물건인가요? 이와 같은 물건들을 과감하게 버리는 것이 아이 방 정리의 시작입니다.

사용할 물건을 정리할 공간이 부족하다면 침대 밑은 최고의 정리 공간입니다. 침대 밑 공간은 다양한 물품을 넣는 공간으로 활용할 수 있습니다.

서랍이 있는 침대를 구매하셔도 좋고, 침대 밑 높이에 맞는 정리함을 사용해도 좋습니다. 산만하게 만드는 장난감이나 옛날 책 등은 이곳에 정리해두면 눈에 보이지도 않고 깔끔하게 정리할 수 있습니다.

Chapter 02

아이의 성향에 맞는 색상을 이용하라

1. 색상에도 힘이 있다

ⓒGetty Images Bank

   문을 열고 들어서면 벽면이 모두 핑크입니다. 의자도 테이블도 온통 핑크입니다.
   여기가 어디일까요? 달콤한 아이스크림을 파는 곳일까요? 아닙니다. 이곳은 바로 교도소입니다.

   1970년대의 미국은 약물이 유행하고 범죄율이 치솟으면서 골머리를 앓고 있었습니다.
   미국의 사회생태학자 알렉산더 G. 샤우스 교수는 실험을 통해 밝은 핑크가 공격성을 낮춘다는 사실을 발견했습니다. 153명의 젊은 남자의 체력을 측정한 뒤 절반에게는 진한 파란색, 나머진 절반에게는 핑크색을 1분 동안 바라보게 했습니다. 그랬더니 핑크색을 바라본 남성들의 체력이 평균보다 약해졌습니다. 샤우스 교수는 범죄자들을 상대로 직접 실험을 해보기로 했습니다.

1979년 미국 시애틀 소재 해군교도소 내 유치장을 핑크색으로 칠한 뒤 효과를 살펴보았고, 교도관 진 베이커와 론 밀러의 이름을 따서 베이커 밀러 핑크라고 이름 붙였습니다. 이 교도소에서는 베이커 밀러 핑크를 칠한 뒤 156일 동안 한 번도 폭력 사건이 일어나지 않았다고 합니다.

©Getty Images Bank

이런 핑크의 힘을 활용한 사례는 종종 있습니다. 핑크색의 가장 큰 특징은 공격성을 약화시키고 화를 가라앉히는 효과를 준다는 것입니다. 핑크색은 모성애의 상징으로, 태아기 때 어머니의 자궁 내벽이 핑크색이었고, 우리는 이곳에서 편안함과 안정감을 느꼈을 것입니다.

미국뿐만 아니라 스위스 페피콘 교도소에서도 죄수 수용 공간의 일부를 핑크로 리모델링하였고, 미국 대학의 미식축구 코치들은 원정팀의 라커룸을 분홍색으로 칠해 상대 팀의 승부욕을 가라앉히려 했습니다. 핑크는 공격성과 과잉 활동의 억제부터 불안과 경쟁의 대처 전략에 이르기까지 각종 어려운 문제를 풀 수 있는 뜻밖의 해결책으로 사용되곤 합니다.

우리는 온갖 색들로 가득한 주변 환경에 둘러싸여 있습니다. 아침에 눈 뜨는 순간부터 밤에 잠자리에 들 때까지 우리는 무수한 색들을 보게 됩니다. 하늘과 햇빛, 나무와 구름 같은 자연에서부터 침실의 벽지, 침대 위의 이불, 식탁 위의 음식, 집을 나서면서 보게 되는 거리의 건물과 자동차들, 지나가는 사람들의 옷차림에 이르기까지 우리가 대하는 모든 사물은 각각의 색을 지니고 있습니다.
색은 사람의 눈에 가장 먼저 인식되는 시각 요소입니다. 우리는 어떻게 사물의 색을 인식하게 되는 걸까요?

아무리 시력이 좋은 사람일지라도 어둠 속에서는 색을 볼 수 없습니다. 빛이 사물에 닿았을 때 사물은 자신에게 필요한 빛은 흡수하고, 필요하지 않은 빛은 반사하면서 고유의 색을 갖게 됩니다. 이때 반사된 빛이 우리 눈에 도달하게 되고, 그 정보가 뇌로 전달되었을 때 우리는 색을 인지하게 됩니다. 우리는 어떤 사물을 보았을 때 형태보다 색으로 그 사물의 특징을 판단하게 됩니다.

©Getty Images Bank

 길가에 피어있는 꽃을 보게 되었을 때도 둥근 꽃, 갸름한 꽃, 겹겹이 핀 꽃이라고 형태를 판단하기보다는 노란 꽃, 빨간 꽃처럼 색으로 먼저 판단하게 됩니다. 우리가 낯선 건물에서 급하게 화장실을 찾고 있었다면 화장실 표지판의 글씨나 그림의 형태보다는 색깔만 확인하고 뛰어 들어가게 될 것입니다.

아래에 두 개의 음료가 있습니다.

땀을 흠뻑 흘리며 운동을 하고 난 뒤 어느 음료를 선택하시겠습니까?

이온 음료를 선택하려다가 혹은 탄산음료를 선택하려다가 잠시 망설이셨나요? 우리는 색을 먼저 인식하게 되니까요.

이렇게 색은 우리가 가장 먼저 인식하게 되는 강력한 정보입니다.

2. 색으로 느끼는 감정은 무엇?

색은 각각의 색마다 고유의 성격과 특징을 지니고 있으며, 그 특징은 보는 사람들에게 각기 다른 감정을 일으킵니다. 그래서 우리는 색을 통해 다양한 감정을 경험하고, 반대로 감정을 색으로 표현하기도 합니다. 색이 주는 감정은 개인의 경험과 주관에 따라 차이가 있겠지만, 일반적으로 공통된 감정을 전달해주는 힘이 있습니다.

1) 색의 온도감: 따뜻함과 차가움

©Getty Images Bank

우리는 일상생활에서 색의 온도감을 경험할 수 있습니다. 빨강, 주황, 노랑과 같은 색은 태양이나 불을 연상시키고, 보는 사람에게 따뜻함을 느끼게 합니다. 이런 계통의 색을 난색이라고 하며, 팽창되어 보이고 진출되어 보이는 특징이 있습니다. 심리적으로 느슨함과 여유로움을 느끼게 합니다.

반면 파란색은 물을 연상시키며, 보는 사람에게 시원하고 차가운 느낌이 들게 합니다. 이런 계통의 색은 한색이라 하며, 수축되어 보이고, 후퇴되어 보이며, 긴장감을 유발합니다.

2) 색의 자극: 흥분감과 진정감

©Getty Images Bank

일반적으로 난색 계열은 보는 사람의 감정을 자극하여 흥분시키는 힘이 있습니다. 명도와 채도가 높은 선명한 색일수록 흥분감을 느끼게 합니다. 특히 빨간색은 가장 자극적인 흥분색으로 스페인 투우 경기에서 사용하는 빨간 천은 소를 흥분시키기 위한 것이 아니라 관중을 흥분시키기 위한 것입니다.

청색 계열의 한색은 보는 사람의 감정을 차분하게 가라앉혀 진정시킵니다. 이런 진정색은 호흡과 맥박수를 낮추어 흥분상태를 가라앉히고 편안함을 느끼게 합니다.

3) 색의 무게

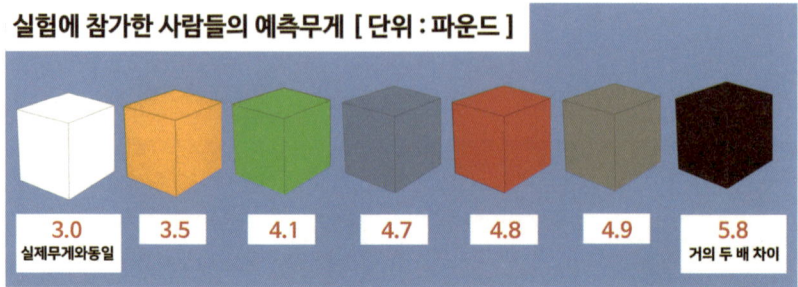

미국의 심리학자 와든(Warden)과 플라인(Flynn)은 색과 관련한 흥미로운 실험을 진행했습니다. 같은 크기에 색이 서로 다른 상자를 각각 3파운드의 무게가 되도록 포장한 뒤 사람들에게 각 상자의 무게를 알아맞히게 하는 실험이었습니다.

실험에 참여한 사람들이 추측한 무게는 상자의 색상마다 달랐습니다. 하얀 상자는 실제 무게와 동일하게 느꼈지만, 어두운색의 상자는 더 무겁게 느꼈으며 검은색 상자는 두 배 가까이 무겁게 느꼈다고 합니다.

색의 무게감은 주로 명도에 의한 것으로 고명도의 색은 가볍게, 저명도의 색은 무겁게 느껴집니다. 밝은색이 주는 가벼운 느낌은 사람의 감정을 경쾌하게 하며, 어두운색의 무게감은 중후함을 느끼게 합니다.

실내 공간의 색을 결정할 때 색의 무게감을 고려하여 천장과 벽은 밝고 가벼운 색으로 하고, 바닥은 상대적으로 어두운색으로 배치한다면 안정감을 느낄 수 있습니다.

4) 색에 따른 시간

우리는 공간 안의 색에 따라 시간을 다르게 느낍니다. 미국의 색채학자 파버 비렌에 의하면 난색 계열은 시간의 흐름이 길게 느껴지고, 한색 계열은 시간이 짧게 느껴진다고 합니다.

©Getty Images Bank

실내의 붉은색은 눈에 대한 자극과 흥분감으로 피로감을 느끼게 하며, 오래 머문 것 같이 느끼게 합니다. 그래서 고객의 회전율을 중요하게 생각하는 패스트푸드점이나 음식점은 붉은색을 사용합니다.

©Getty Images Bank

　푸른색은 눈의 피로가 적고, 감정을 차분하게 하고, 긴장감을 유발하여 시간을 흐름을 짧게 느끼게 합니다.
　그래서 대합실이나 공항 등에는 기다리는 시간이 짧게 느껴지도록 색채 계획을 합니다.

3. 색상의 상징

오방색	오행	계절	방위	사신	오상	오기
노랑(黃)	토(土)	토용(土用)	중앙(中央)	황룡(黃龍)	신(信)	습(濕)
파랑(靑)	목(木)	봄(春)	동(東)	청룡(靑龍)	인(仁)	풍(風)
빨강(赤)	화(火)	여름(夏)	남(南)	주작(朱雀)	예(禮)	열(熱)
하양(白)	금(金)	가을(秋)	서(西)	백호(白虎)	의(義)	조(燥)
검정(黑)	물(水)	겨울(冬)	북(北)	현무(玄武)	지(智)	한(寒)

　우리 문화의 특징은 자연과의 조화로움입니다. 색채도 예외는 아니어서 자연과 우주의 원리에 순응하려는 노력이 '음양오행'이라는 철학적 근거를 바탕으로 구체화되고 있습니다.

　이 음양오행설에서 비롯된 '오방정색'과 '오방간색' 그리고 '잡색'으로 분류되는 색체계가 한국 전통 색의 바탕을 이루고 있습니다.

　우리가 살아가는 환경에는 여러 가지 에너지가 있으며, 우리는 환경의 에너지에 반응하고 상호작용하며 살아가고 있습니다. 이러한 상호작용이 각각의 사람에게 미치는 영향은 각기 다르므로 음양오행에 따라 색으로 서로 보완해주는 것도 고려해볼 만합니다.

1) 사랑과 열정의 빨간색

©Getty Images Bank

태초에 태양의 빛이 있어서 빨간색이 있었습니다. 밝고 어둠만이 존재하던 세상에 첫 번째로 나타난 색이 솟아오르는 태양의 빨간색이었습니다.

그래서 으뜸과 신성함의 상징이었습니다. 또한, 빨간색은 장미나 심장처럼 열정적인 사랑을 나타내기도 하며, 전쟁, 혁명, 자유, 공격적인 남성의 색으로 대표되기도 합니다.

2) 웃음과 배신의 노랑

©Getty Images Bank

　노란색은 밝고 선명하여 활동성과 유쾌함, 친절, 낙천적 이미지를 나타냅니다. 옛날에는 어린 아기에게 노란색을 입혀 따뜻한 느낌을 통해 심리적 안정감을 주고, 밝은 감각이 지능 향상과 성장에 도움이 되도록 했다고 합니다.

　중국에서는 황제의 색으로 부와 권위를 의미하여 일반인의 사용을 엄격히 금지하였던 시기도 있었습니다. 노란색은 다른 색이 조금이라도 섞이면, 곧 순색의 밝은 특성이 사라지고 탁해지는데, 그래서 유럽에서는 불순물이 혼합된 노란색을 질투, 배신, 의심, 불신의 이미지를 갖게 됩니다. 그래서 16세기 유럽의 종교재판을 그린 그림에서 이단자를 칙칙한 노란색으로 표현하는 경향을 보이고 있습니다.

3) 희망과 편안함의 초록

©Getty Images Bank

초록색은 자연을 상징하는 편안한 느낌의 중성색으로 신선함, 희망, 평화, 풍요, 행복, 청춘, 번영을 의미합니다.

초록색은 사람의 눈에 무리를 주지 않는 가장 이상적인 색으로 스트레스나 불안감을 해소해주는 힘을 가지고 있어 휴식이 필요할 때 본능적으로 연상하게 되는 색입니다.

4) 비전을 가진 고귀한 파랑

©Getty Images Bank

　파랑은 하늘과 바다의 색으로 초록과 함께 차분한 명상의 색으로 많은 사람이 선호하는 색이기도 합니다. 순색의 파란색은 고귀한 신분과 귀족을 상징하여 13세기 프랑스의 왕이 즉위식에서 입는 옷의 색이었습니다.

　파란색은 젊음, 자연, 신뢰라는 긍정적인 이미지를 가지고 있으며, 비전이 있는 미래지향적인 색으로 인식되기도 합니다.

　파란색은 긴장감을 풀어주는 안정적인 색으로 파란색 방에서 공부할 경우 안정된 기분에 의해 집중력이 높아져 실제 시간보다 시간이 짧게 느껴집니다. 간혹 기분이 너무 안정적으로 되어 우울해지거나 무기력해지지 않도록 주의해야 합니다.

5) 상상과 자유의 보라

ⒸGetty Images Bank

　보라색은 빨간색과 파란색의 절묘한 조화로 만들어지는 색으로, 복합적이고 신비로운 이미지를 가지고 있습니다. 또한, 인간과 신의 조화를 의미하여 신성하고 고귀함을 상징하는 색이며, 신과 인간의 매개체인 사제들이 입었던 색이기도 합니다.

　보라색은 화려하고 우아한 색으로 고귀함과 권력을 상징하고, 겉멋 부리기 좋아하는 허영과 우울의 이미지도 갖고 있습니다.

　보라색을 좋아하는 사람은 직관적이며, 예술적 감성이 있고, 상상력과 창의력이 풍부한 성격이라고 합니다.

6) 품격과 카리스마의 검정

©Getty Images Bank

검은색은 어둠의 색으로 좌절과 공포, 죽음, 침묵, 지옥 등 부정적인 이미지를 전달합니다. 이러한 부정적 이미지는 사람을 긴장하게 하는 효과를 발휘합니다.

그러나 고가의 승용차에 사용되면서 상류사회의 색, 품격을 높여주는 색으로 인식되기 시작하였고, 점차 대중적으로 선호하는 색이 되었습니다.

20세기 후반으로 접어들면서 검은색은 첨단의 이미지와 강한 개성을 상징하기 시작했으며, 전자 제품과 가구 등 생활용품 전반에 세련되고 모던한 이미지를 연출하고자 할 때 사용되고 있습니다.

7) 화려한 파스텔컬러 분홍

©Getty Images Bank

　분홍은 빨강에 하양을 섞어서 만드는 색으로, 유채색과 무채색을 섞어서 만드는 색이기 때문에 밝은 빨강이라고 할 수 있습니다. 선명한 빨강은 마음을 고양시키지만, 분홍은 낭만적이고 부드러운 색이라 마음을 가라앉혀 줍니다. 분홍은 주요색으로 인정받지 못했었으나 18세기 초 감각적이고 화려한 로코코양식의 특징인 파스텔컬러가 유행하면서 분홍이 자주 사용되었습니다.

　한 가지 재미있는 부분은, 20세기 초까지 분홍은 남성의 색으로 인식되었습니다. 유럽에서 빨강은 오랫동안 권위와 권력을 상징하는 남성의 색으로 알려졌고, 그래서 밝은 빨강인 분홍이 남성에게 잘 어울린다고 생각했던 것입니다.

4. 색으로 보는 우리 아이

1) 레드형

©Getty Images Bank

정열과 열정을 상징하는 빨간색을 좋아하는 사람은 목표지향적이고 노력하는 에너지형이 많습니다. 레드형 아이의 경우 어릴 때부터 불의를 보면 참지 못하고, 수업시간이나 친구들과 함께 놀 때 참견하기를 좋아하는 편입니다. 또, 신체 활동과 운동을 좋아하고, 공부면 공부, 운동이면 운동 뭐든지 열심히 하려고 노력하기 때문에 선생님과 부모님, 친구들의 기대를 한몸에 받는 경우가 많습니다.

학창 시절 항상 반장을 도맡거나 소풍과 수학여행 때면 꼭 춤이나 개인기로 친구들과 선생님들을 즐겁게 해주는 분위기 메이커가 되기도 합니다. 반면, 자존심이 세고 자기보다 우수한 사람을 보면 질투와 시기의 감정에 휩싸일 수 있습니다. 그래서 고집을 부리고 잘못을 해도 자신의 잘못을 인정하지 않을 수도 있습니다.

레드형은 누구보다 빨리 손을 들고 발표에 열중하고, 과외 활동도 열심히 하는 편으로 과정과 결과에 칭찬을 아끼지 않는다면 크게 성장할 수 있는 유형 중 하나입니다.

그러나 현재에 만족하지 못하고 앞만 보고 달리기 때문에 정서적인 불안을 내재하고 있을 수도 있습니다. 이런 아이는 자신의 성취에 대한 자부심이 강하기 때문에 칭찬을 많이 해주는 것이 좋습니다.

또, 실패했을 때 좌절감을 많이 느낄 수 있어서 주어진 과제에 실패했을 때도 좌절하지 않도록 결과에 대해 부드럽게 대화하는 것이 매우 중요합니다. 고집이 세고, 말도 많고, 자기중심적이긴 하지만 자신에게 딱 맞는 관심사를 만나면 무서울 만큼 깊이 집중할 수 있습니다.

레드형 아이의 공부방을 꾸밀 때는 강렬한 레드의 기운을 적절히 조절할 수 있는 블루 계열로 균형을 맞춰주면 아이가 안정감을 느낄 수 있습니다.

2) 핑크형

©Getty Images Bank

 핑크형 아이는 사랑스럽고 향기롭고 달콤해보이는 겉모습과는 달리 기본적으로 승부욕이 강하며, 보수적이고 내성적인 면도 가지고 있습니다. 레드형 아이와 비슷하게 열정적이고 추진력이 있어서 모든 일에 최선을 다합니다.
 하지만 남들 앞에 나서서 친구들을 이끌고 리더십을 발휘하는 것보다 무리에 속해 주어진 일을 스스로 조용히 해결하는 모범적인 아이들이 많습니다.

 핑크형 아이의 경우, 자신만의 세계에 빠져 지내는 경우가 많습니다.

또, 주위에 상관하지 않고 자기중심적으로 생각하는 경향이 있을 수 있으며, 칭찬을 듣고 관심을 받아야 만족합니다. 여자아이의 경우 어릴 때 일시적으로 공주병에 빠질 수도 있지만 그리 오래가지 않으니 크게 걱정할 필요는 없습니다.

핑크형 아이의 공부방을 꾸밀 때는 주위 사람들과 조화롭게 지낼 수 있는 마음가짐과 차분한 성품을 기르는 데 좋은 그린 계열을 매칭하면 균형 있게 성장하는 데 도움이 됩니다.

3) 옐로우형

ⓒGetty Images Bank

생동감 넘치는 봄을 닮은 옐로우 계열을 좋아하는 옐로우 아이의 경우, 부드럽고 약한 이미지와는 달리 자신의 주장을 잘 표현하고, 신념에 따라 행동하는 경우가 많습니다.

특히, 민첩한 활동력으로 목적이 생기면 빠르게 추진해 가는 진취적 성향을 가지고 있으며, 대인관계에도 적극적이면서 창의력이 풍부합니다.

우리 주위에 보기만 해도 왠지 말을 걸고 싶고, 대화를 나누는 것만으로도 내 기분까지 밝고 상쾌해지는 엔도르핀 같은 그런 사람들이 옐로우형입니다.

옐로우형 아이는 적극적이고 다른 아이들에 비해 창의력이 풍부하지만, 일을 추진할 때는 융통성이 부족하다는 얘기를 들을 수 있습니다. 그러므로 어떤 과제를 수행할 때 한 번 더 생각하고 과제를 추진할 수 있도록 질문을 자주 해주는 것이 좋습니다.

옐로우형 아이는 부모님으로부터 사랑과 애정을 많이 받고 있다고 생각하는 경향이 크기 때문에 부모님의 사랑과 애정이 줄어든다면 불안감을 느낄 수도 있습니다.

옐로우형 아이의 공부방을 꾸밀 때는 <u>어두운 톤의 무게감 있는 색상을 매칭하면 생각이 깊어지고 차분한 마음으로 행동하는 데 도움을</u> 줄 수 있습니다.

4) 블랙형

©Getty Images Bank

블랙형 아이는 감정에 치우치지 않고 모든 일을 공정하게 판단하는 경향이 있으며 일 처리도 질서정연한 편입니다. 그래서 다른 아이들에 비해 정리, 정돈에 뛰어난 능력을 발휘합니다. 정리 방법을 알려주면 금방 익숙해지고 이를 응용하여 본인의 방식대로 척척 정리를 잘하는 경우도 많습니다.

특히 노트 필기에는 블랙형 아이의 특징이 곧잘 나타납니다. 블랙형 아이는 또래 아이들보다 진중하게 노트 필기에 임하고 중요한 내용을 자기만의 방식으로 표시하면서 깔끔하게 잘 정리하는 특징을 보입니다.

블랙형 아이는 또한 자기 자신을 잘 보호할 줄 알고 남도 잘 배려합니다. 그러나 인내심이 강하고 신중한 면이 있으며 모험보다는 안정을 추구하는 경향이 있어서 어찌 보면 보수적이라고 할 수도 있습니다. 그러나 남을 배려하는 성품 때문에 다른 사람들에게 퍼주기를 좋아하며, 자기 것을 챙기기보다는 남에게 양보하고 베푸는 것이 몸에 밴 사람입니다.

한편, 블랙형 아이는 남을 배려하는 만큼 대인관계에서 자신도 인정받고 사랑받고 싶은 마음이 강하게 내재되어 있습니다. 아이가 검은색을 좋아한다면 대화를 통해서 아이의 마음을 가슴 깊이 공감해주고 사랑받고 있다는 마음이 들 수 있게 해주는 것이 중요합니다. 블랙형 아이는 대인관계에서 손해를 보는 경우가 많아서 친구들에게 물건을 사주거나 자신의 물건을 주면서 환심을 사려는 경우도 있습니다. 그러므로 부모님께서는 이런 점을 주의 깊게 지켜보고 서로를 진심으로 위하는 진정한 친구를 사귈 수 있게 도와주세요.

블랙형 아이의 공부방을 꾸밀 때는 아이가 공부방에 애정을 느낄 수 있도록 핑크 계열로 소품을 놓거나 따뜻한 느낄 수 있는 주황색 등의 난색 계열을 매칭하면 좋습니다.

5) 그린형

©Getty Images Bank

초록색은 사람의 눈에 무리를 주지 않는 가장 이상적인 색으로 스트레스나 불안감을 해소시켜 색상을 이용한 심리 치료에서 가장 많이 사용하는 색상이기도 합니다.

그린형 아이는 안정적이고 차분한 성격이 많습니다. 남에게 상처 주는 일을 싫어하고, 남을 배려하는 성격이 강합니다. 그래서 교우관계도 원만하고, 주위 어른들에게 온순하다는 말을 듣기도 합니다. 또한, 전반적으로 차분한 성격으로 자기 일을 안정적으로 처리해나갑니다. 이러한 차분하고 조용한 성격은 내성적인 성격으로 이어질 수 있으니 주의가 필요합니다.

그린형 아이는 때때로 열정적인 추진력이 부족하여 주어진 일을 진척시키지 못 하는 경우가 있습니다. 이런 아이는 목표도 없고 항상 의욕이 없어 보이거나 행동이 느린 아이로 보일 수 있으므로 열정의 감정을 일깨워줄 자극이 필요하다고 할 수 있습니다.

아이가 녹색을 좋아한다면 심리적으로 안정되어 있고 마음의 평화가 있을 확률이 높습니다. 그러나 느긋한 성품은 경쟁에서 불리할 수도 있으니 아이에게 집중할 수 있는 과제를 제시하고 활기를 불어넣어 주세요.

그린형 아이의 공부방을 꾸밀 때는 주어진 과제에 좀 더 몰입할 수 있도록 추진력과 열정을 일깨워주는 레드나 핑크 계열을 매칭하면 각성 효과를 기대할 수 있습니다.

6) 블루형

©Getty Images Bank

블루형 아이는 내성적인 성격이거나 주의 깊고 차분한 성격의 아이가 많습니다. 그래서 매사에 진지하고 차분하며 일에 열중하고 성실하다는 평가를 받습니다.

진한 파랑을 좋아하는 아이는 자기주장과 독립성이 강하고, 연한 파랑(하늘색)을 좋아하는 아이는 여리고 보호받기를 원하는 성격이 강합니다.

서점에 아이들을 데리고 가보면 사방을 뛰어다니거나 그림책이나 만화책에만 관심이 있는 아이가 있는 반면, 자기의 관심 분야 도서를 잡고 장시간 동안 바닥에 앉아 시간 가는 줄 모르고 집중하는 아이가 있습니다.

전자의 경우 레드형이 많다면 후자에는 블루형이 많습니다. 그래서 레드형 아이의 방은 진정색인 파랑과 초록 계열의 색을 사용하여 본래의 열정적인 성격과 함께 차분함도 키워 상승효과를 기대해볼 수 있습니다.

블루형 아이는 원래가 책을 좋아하고 차분하게 공부도 열심히 하기 때문에 산뜻한 노란색 계열이나 열정적인 붉은색 계열로 분위기를 조성해주는 것이 좋습니다. 난색 계열의 색상은 사회성을 기르는 데 어려움을 겪을 수 있는 블루형 아이의 약점을 보완하여 심리적으로 보호받고 있다는 느낌을 주어 아이에게 안정감을 줄 수 있습니다.

7) 퍼플형

©Getty Images Bank

퍼플형 아이는 부드럽고 달콤한 느낌으로 연약하고 고귀해 보이지만 속마음은 누구보다 강하기 때문에 한 번 결정한 사안에 대해서는 강하게 밀어붙이는 성향이 있습니다. 즉, '외유내강형'이라고 할 수 있습니다.

그러므로 다른 사람의 지시에는 반감을 품고 반항하기도 합니다. 엄마나 선생님의 잔소리를 싫어하고, 잔소리를 들으면 신경질적인 반응을 보이기도 합니다.

자기 일을 알아서 잘하는 성격인데, 어릴 때부터 부모가 과하게 간섭하거나 잔소리를 하면 아예 공부에 등을 돌리기도 합니다. 그러므로 퍼플형 아이에게는 더욱 세심한 배려가 필요합니다.

퍼플형 아이의 경우 자신만의 세계가 강해서 생각도 많고, 공상에 빠져 있는 시간도 깁니다. 또, 자신에 대해 험담을 들으면 크게 상처를 입고 오랫동안 그 일을 마음에 담아두기도 합니다.

아이가 보라색을 좋아한다면 자신의 마음을 들키고 싶지 않아 하는 경향이 있으므로 공감대를 형성한 상태에서 자주 대화의 시간을 가지는 것이 좋습니다.

퍼플형 아이에게는 <u>자신만의 강한 세계를 중화시켜줄 수 있는 연노랑이나 연분홍과 같이 난색 계열의 색상을 적용하면 긍정적인 영향을</u> 주기 때문에 도움이 됩니다.

Chapter 03

소음형 엄마에서 대화형 엄마로 바뀌어라

1. 착한 소음, 백색소음을 아시나요?

©Getty Images Bank

　소음은 시끄러워서 불쾌감을 느끼게 만드는 소리를 말합니다. 개인의 현재 상태라던가 주위 환경에 따라서 정도가 달라질 수 있지만 보통 50dB(데시벨: 소리의 상대적인 크기를 나타내는 단위)을 전후로 해서 그 이상의 음이 발생하면 소음으로 간주합니다.

　이지호 울산대 의대 직업환경의학과 교수팀은 학생들을 대상으로 소음이 학습 능력에 미치는 영향을 조사했는데, 이 연구 결과 65dB 이상의 소음은 집중력과 기억력을 5-15% 떨어뜨리는 것으로 나타났습니다.

　그런데 오히려 집중력을 높여주는 소음도 있습니다. 집중력을 높여주어 공부에 도움이 되는 착한 소음. 이를 백색소음이라고 합니다.
　백색소음은 특정한 패턴이 없는 소리로, 사람이 귀로 들을 수 있는 넓은 음폭의 소리를 말합니다.

  백색소음은 귀에 쉽게 익숙해져서 공부에 방해되는 일이 거의 없으며, 오히려 거슬리는 주변 소음을 덮어주는 작용을 합니다.

2. 소음에도 컬러가 있다

©Getty Images Bank

사람의 눈에는 보이지 않지만, 소음에도 색이 있습니다. 실제로 소음에 색이 있는 것이 아니라 소음의 종류에 따라 정한 것인데요. 컬러 소음, 백색소음, 핑크 소음이 있습니다.

공부 또는 일을 할 때 방해가 되는 잡담 소리, TV 소리 등 신경을 거슬리게 하는 소리는 **컬러 소음**(color noise)이라고 합니다. 컬러 소음은 특정한 음높이와 패턴이 있고, 의미가 있는 신경 쓰이는 소리로 스트레스를 유발하고 귀에 자극을 줌으로써 고차원적인 사고와 기억을 방해하고 집중력을 떨어뜨립니다.

반면, 집중력을 높여주는 소음이 있는데, 이를 **백색소음**(white noise)이라고 합니다. 백색소음은 백색광에서 유래한 것으로, 백색광을 프리즘에 통과시키면 일곱 빛깔 무지개로 나뉘듯 백색처럼 넓은 음폭을 가진 소리를 말합니다. 백색소음은 파도 소리나 빗소리, 시냇물 소리와 같이 음폭이 넓고 특정한 패턴이 없는 소리로, 집중을 방해하는 컬러소음이 잘 들리지 않도록 해줍니다.

숭실대 소리공학연구소의 연구 결과에 따르면 자연의 소리인 백색소음을 들으면서 공부를 할 때 주변에 관심을 갖는 횟수가 약 22% 감소하고, 학업 성취도가 35%나 개선되는 것으로 나타났습니다.
이처럼 백색소음은 신체를 편안하게 해주는 역할뿐만 아니라 집중력을 높여주고, 뇌 신경은 물론 학업 성취도에도 도움을 줍니다.

핑크 소음(pink noise)은 깊고 편안한 수면을 도와줍니다. 핑크 소음은 백색소음과는 달리 저음과 중음대의 음량이 높아서 모든 주파수대에서 같은 음량으로 소리가 나는 것처럼 들립니다. 빗방울이 떨어지는 소리나 바람에 나뭇잎들이 스치면서 내는 소리 등이 핑크 소음입니다.

중국 베이징대학의 주에 장 교수팀의 연구 결과에 의하면 핑크 소음을 들으면서 자도록 했더니, 실험 참가자의 75% 이상의 사람들이 더 편안함을 느끼고 더 깊은 잠이 들었다고 합니다. 핑크 소음이 느리고 안정적인 뇌파를 유도했다는 것이죠.
다양한 소음 공해에서 벗어나 자연이 주는 백색소음이 가득한 산이나 바다를 찾아가도록 해보세요. 아이의 스트레스가 몰라보게 줄어들면서 집중력과 기억력을 키워줄 것입니다.

백색소음 vs 컬러 소음
백색소음이란?

- ✓ 음폭이 넓고 특정한 패턴이 없는 소리
- ✓ 파도 소리, 빗소리, 시냇물 소리, 폭포 소리, 공기 정화 장치 소리 등
- ✓ 다른 소리를 중화시켜 집중력 상승

컬러 소음이란?

- ✓ 특정한 음높이와 패턴이 있고 의미가 있는 신경 쓰이는 소리
- ✓ 사이렌 소리, TV 소리, 주변 이야기 소리
- ✓ 청각을 자극하여 사고와 기억을 방해함으로써 집중력 하락

3. 집중력을 높여주는 카페의 소음

©Getty Images Bank

　우리의 일상에서 빼놓기 어려울 정도로 가까운 공간, 바로 카페입니다. 카페에서 책을 읽거나 공부를 하고, 친구를 만나 이야기하는 모습은 이제 익숙한 일상 중 하나입니다.

　많은 사람이 만들어내는 수다 소리와 딩동 거리는 주문 소리, 커피잔 달그락거리는 소리와 카페의 음악 소리로 어수선하여 집중하기 어려울 것 같습니다. 그런데 이런 환경에서 집중하며 책을 읽거나 공부하는 사람들을 보면 신기할 따름입니다.

　특히, 시험 기간에 도서관이나 독서실을 찾는 학생들도 많지만, 카페를 찾는 학생들도 적지 않은데요. 카페에서 공부하는 사람들을 일컫는 말인 '카공족'이라는 단어도 한 번쯤 들어 보았을 것입니다. 많은 사람이 다양한 소음이 있는 시끄러운 카페를 찾는 이유는 무엇일까요?

'카페에서 들리는 소음이 오히려 집중력을 높인다.', 혹시 이해가 가시나요? 소음은 무조건 집중력을 저하할 것으로 생각하기 쉽지만 적당한 소음은 집중력을 높이는 데 도움이 됩니다.

©Getty Images Bank

2012년 3월 발표된 미국 시카고대 소비자연구저널의 연구 결과에 따르면 너무 조용한 환경보다는 50~70dB의 소음이 있는 곳에서 집중력과 창의력이 향상된다고 합니다.

비슷한 연구가 한국에서도 이루어졌는데, 한국 산업심리학회 연구 결과를 보면 조용한 환경보다 백색소음을 들을 때 집중력은 47.7%, 기억력은 9.6% 향상하고, 스트레스는 27.1% 감소했다고 합니다. 학습 시간은 무려 13.6% 단축되었고요.

조용한 공간에서는 책상을 끄는 소리나 문을 여닫는 소리가 상대적으로 크게 느껴지게 됩니다. 모든 것이 관심의 대상이 되는 거죠.

연필이 굴러가는 소리, 기침하는 소리, 신발 끄는 소리, 창밖의 자동차 소리까지 방해가 되는 겁니다. 그래서 집중하고 있어도 쉽게 집중 상태가 풀려버리게 됩니다.

하지만 약간의 소음이 있는 곳에서는 주변의 소리나 사람의 말소리가 소음에 묻혀 잘 들리지 않게 되는데요. 이것을 **소음 중화**'라고 합니다.

비가 오면 왠지 주변이 조용해지는 느낌이 들지 않나요? 공원 분수대에 있으면 주변의 소음이 들리지 않고, 마음이 차분해지는 느낌을 받은 적도 있을 겁니다. 이것은 전부 소음 중화 효과 때문에 그렇습니다.

카페의 소음도 소음 중화 효과를 만들어냅니다. 이 때문에 주변에서 만들어진 소음 자체가 무의미한 소리가 되어 집중력을 빼앗기지 않고, 오히려 편안함을 느낄 수 있다는 것입니다.

백색소음과 비슷해 뇌에 긍정적인 영향을 주는 카페의 소음은 마음을 안정시켜주는 알파파를 만들어내고, 반대로 산만하게 만드는 베타파를 감소시켜줍니다.

『노인과 바다』의 저자 어니스트 헤밍웨이는 '라 클로즈리 데 릴라'라는 단골 카페에서 소설을 집필하였습니다.

『해리포터』의 작가 조앤 롤링도 에든버러의 여러 카페를 돌아다니며 글을 썼다고 합니다.

스타벅스에서 버락 오바마의 취임 연설을 쓴 존 파브로 등 카페는 유명 작가들의 작업실이었습니다. 카페의 소음이 주는 효과 때문일까요? 카페에서 책을 쓰거나 업무를 보는 사람들도 꽤 많아진 것을 볼 수 있습니다.

ⓒGetty Images Bank

그렇지만 우리 아이들이 카페를 가서 공부하기에는 아직 이릅니다. 대신 카페 소음을 인터넷에서 들을 수 있는 사이트를 소개하려 합니다.

온라인 서비스 웨어사운드(www.wheresound.com)는 카페에서 발생하는 소음을 24시간 들려주는 인터넷 사이트입니다. 홍대, 강남, 신사동 가로수길에 있는 카페의 소음을 녹음하여 들려주고 있는데요. 듣고 있으면 공부방이나 사무실에 있어도 카페에 있는 듯한 느낌을 받게 됩니다. 적막감이 사라져 오히려 집중력이 높아지게 되죠. 웹 페이지에 접속만 하면 되기 때문에 스마트폰, 태블릿PC, 노트북 등 기기를 가리지 않고 이용할 수 있는 것이 장점입니다.

외국 사이트에도 비슷한 것이 있는데요.

바로 레이니 카페(www.rainycafe.com)입니다. 레이니 카페의 경우 카페 소리에 빗소리까지 추가할 수 있으니 카페에서 빗소리를 듣고 있는 느낌을 받고 싶을 때 이용하면 좋을 것 같네요.

자연의 소리를 들려주는 사이트도 있습니다. 네이처 사운드 플레이어(www.naturesoundplayer.com)인데요. 여기서는 새소리, 파도 소리, 개구리 소리 등 8가지 자연의 소리를 들려줍니다. 이 소리를 각각 재생할 수도 있고, 8가지를 모두 섞어서 재생할 수도 있다고 하니, 숲속에서 책을 읽는 기분을 느끼고 싶을 때나 평온하고 상쾌한 자연의 소리를 들으며 집중하고 싶을 때 이용해보는 것도 좋은 방법일 것입니다.

요즘 학생들 사이에서 일명 '명문대 도서관 백색소음 영상'을 들으며 공부하는 것이 인기라고 합니다. '명문대 백색소음 영상'은 서울대, 연세대, 고려대 등 주요 명문대 내 도서관 안에서 녹음한 소음을 담은 것인데요.

중앙 도서관뿐 아니라 의과대, 경영대 등 특정 학과 도서관에서 녹음한 것도 있습니다. 분량도 1~3시간으로 다양합니다. 도서관 안에서 발생하는 소소한 소음이 전부지만, "도서관 소리가 너무 조용해 저절로 자극된다.", "명문대 도서관에 왔다고 상상하며 공부하니 몇 시간이 금세 지났다." 등의 댓글도 쉽게 볼 수 있습니다.

가장 인기가 높은 2시간짜리 서울대 도서관 백색소음의 유튜브 영상은 조회 수 200만 회를 훌쩍 넘겼다고 합니다.

최근엔 이화여대, 한국외대, 중앙대 등 주요 대학들에다가 해외 대학 도서관의 백색소음 영상도 등장했습니다.

또한, 백색소음은 스마트폰 어플 등에서 무료로 쉽게 찾아볼 수 있습니다. White noise나 백색소음으로 검색해보면 다양한 어플이 등장합니다.

카페의 소음은 백색소음과 비슷한 효과를 내긴 하지만, 사람에 따라 차이가 있습니다. 어떤 사람은 집중하는 데 도움을 받기도 하지만, 어떤 사람은 소란스러워 오히려 집중하지 못 하기도 합니다. 사람마다 차이가 있으니 우리 아이가 소음에 어떤 성향을 가졌는지 확인해보시고 활용하시는 것이 좋겠습니다.

백색소음을 활용할 때 주의 사항은?

백색소음이 항상 긍정적인 영향만 주는 것은 아닙니다. 미국 캘리포니아 대학의 에드워드 창 박사는 2003년 쥐를 통한 백색소음 실험을 한 적이 있는데요. 어린아이에게 너무 크고 많은 백색소음을 들려주면 백색소음이 뇌 발달을 억제할 수 있다는 연구 결과를 밝혀냈습니다. 하지만 '적당한 백색소음은 긍정적인 영향을 준다'는 것이 대다수의 연구 결과이니 몇 가지만 주의하면 되겠습니다. 올바르게 백색소음을 활용한다면 집중력에 도움이 됩니다.

1. '청취'가 아니라 자연스러운 '듣기'
우리가 백색소음을 활용할 때는 집중해서 듣는 '청취'가 아니라 자연스러운 '듣기'가 되어야 합니다. 책장 넘기는 소리, 시냇물 소리를 우리가 집중해서 듣지 않는 것과 같이, 자연스럽게 받아들이는 것이 백색소음의 효과를 높이는 방법입니다.

2. 아이 귀에서 30cm 이상 거리를 두세요.
아이에게 백색소음을 들려줄 때 아이 귀 쪽에 가깝게 대고 백색소음을 들려주는 것은 주의해야 합니다. 이는 아이의 청각 신경에 심각한 영향을 줄 수 있어요. 반드시 아이 귀에서 30cm 이상 거리를 두고, 50dB 이상으로 음량을 높이지 않는 것이 바람직합니다.

4. 똑딱똑딱, 집중을 방해하는 소음 시계

©Getty Images Bank

　시계의 초침 소리는 조용한 공간에서 더 크게 느껴지는데요. 평소에는 들리지 않을 정도로 작은 소리인 시계의 초침 소리가 공부하거나 잠을 잘 때 꽤 크게 들려 신경이 쓰이는 경우가 있습니다.

　소리가 크고, 높은음만 소음일까요? 소리가 작더라도 지속 시간이 길고 연속적으로 반복되는 소리도 소음입니다. 이런 소음을 계속 들으면 혈압이 높아지고 맥박이 증가함은 물론 호흡 횟수가 증가하기도 합니다.

　집중해서 책을 봐야 하는데 시계의 초침 소리에 신경을 쓰다 보면 공부하는 내용이 머리에 잘 들어가지 않게 되죠. 결국, 시계에서 건전지를 빼거나 공부방에서 시계를 없애기도 합니다.

초침 소리가 예민한 아이를 만들 수도 있습니다. KBS2 『가족의 품격 – 풀 하우스』에서 개그맨 이윤석 씨가 출연하여 예민한 성격에 대해서 공개하였는데요. 이윤석 씨는 "초침 소리만 들리면 그걸 계속 세고 있다."라고 할 정도라고 예민하다고 말하였습니다. 초침 소리처럼 작지만, 반복적으로 나오는 소음은 사춘기 등 심리적으로 불안감을 가지고 있는 아이를 더욱 예민하게 만들어주게 되는데요. 아이가 필요 이상으로 예민하게 굴거나 불안해한다면 방안의 시계 소음부터 확인해보시는 것이 좋겠습니다.

초침 소리는 공부할 때뿐만 아니라 잠을 잘 때도 악영향을 미칠 수 있습니다. 조용한 밤에 작지만, 규칙적으로 반복되는 소리는 유독 크게 들립니다. 오죽하면 "싫어하는 사람에게 불면증으로 고생하라고 소리 큰 시계를 선물하라."라는 농담도 있을 정도입니다. 시계의 초침 소리는 신경을 예민하게 만들고, 자꾸 시계를 쳐다보며 신경을 쓰게 되어 잠을 깊이 자기 어렵게 만드는 것입니다.

벽시계뿐만 아니라 탁상시계에서도 소음이 나올 수 있습니다. 아이 방에 한 번 앉아서 책을 읽어보세요. 반복된 초침 소리가 들린다면 무소음 시계나 디지털 시계로 바꿔줘야 합니다. 초침이 아예 없는 시계도 좋습니다.

우리 아이의 집중을 방해할 수 있는 '똑딱' 시계, 꼭 바꿔주세요!

5. 노래는 휴식 시간에, 이어폰보다는 스피커로

©Getty Images Bank

학교나 도서관 등 사람들이 많이 있는 곳에서 이어폰을 끼고 공부하는 아이들을 많이 볼 수 있는데요. 소음을 피하고자 노래를 듣는 것은 이해가 갑니다.

하지만 조용한 집에서 노래를 들으며 공부하는 아이 때문에 고민되지 않나요? 가족들은 혹시라도 공부하는 데 방해가 될까 봐 소리를 내지 않기 위해서 까치발로 다니기까지 하는데 말입니다.

아이들은 노래를 들으면서 공부하면 잠도 덜 오고 집중이 잘된다고 하는데 부모님으로서는 신경이 많이 쓰이게 됩니다. 노래를 듣는 것인지, 공부하는 것인지 알 수가 없으니까요.

공부할 때 노래를 들으면서 집중할 수도 있겠지만, 노래를 듣지 않은 것보다 집중이 잘 될 수는 없습니다.

미국 캘리포니아대 로셀 폴드렉 교수는 여러 가지 일을 동시에 하는 등 산만한 상태에서 지식을 습득하게 되면 기억력이 낮아진다는 연구 결과를 내놓기도 했습니다. 즉, 노래를 들으면서 공부하게 되면 기억력이 낮아지게 된다는 것입니다. 또한, 기억력과 청각을 담당하는 측두엽은 양쪽 귀 바로 위쪽에 있어 소리에 쉽게 자극받게 되는데요. 음악 소리로 인해 지속해서 스트레스를 받게 되면 청각 세포가 손상되어 기억력이 떨어지고, 귀가 먹먹해지거나 울림 현상이 나타날 수도 있습니다.

한 가지 더, 음악을 들으면서 공부할 때에는 생각해봐야 할 것이 있습니다. 요즘의 학생들에게는 공부가 잘되느냐 안 되느냐의 문제는 '시험을 보고 그 시험에서 좋은 결과를 얻어야 한다'는 결과와 밀접한 연관성이 있습니다.

평상시 공부를 할 때 음악을 들으면서 공부를 하는 경우, 시험을 볼 때도 음악을 들어야 문제가 잘 풀리기 때문에 시험 환경에서는 실제로 '좋은 결과'를 기대하기 힘들 수도 있습니다.

그래서 음악을 들으며 공부하는 습관은 꼭 고쳐야 합니다. 공부할 때는 공부에만 집중하고, <u>노래는 휴식 시간에 듣게 하는 것이 제일 좋습니다</u>.

그래도 공부하면서 음악을 들어야 한다고 고집을 부린다면 가사가 없는 클래식이나 자연 소리를 듣는 것이 좋고, 이어폰을 사용하지 않은 채 스피커로 듣도록 하는 것이 좋습니다. 공부하면서 노래를 들으면 집중력을 떨어뜨리지만, 휴식 시간에 클래식을 들으면 집중력과 자제력을 높여줍니다.

©Getty Images Bank

영국 런던대학 연구진들은 아동을 대상으로 클래식이 어떤 영향을 미치는지 연구했습니다. 듣기 능력을 비롯한 집중력 및 자제력이 향상되었고, 심지어 사회성도 좋아졌다고 합니다.

따라서 학습 중 휴식 시간에 우리 아이에게 클래식 음악을 들려주면 좋을 것 같습니다.

6. 은근한 스트레스, 저주파 소음

©Getty Images Bank

아침 10시, 서울역에서 KTX를 타고 부산으로 GO! GO!
아침 10시 30분, 기차에서 도시락 먹고 계란 먹고.
오후 1시, 푹 자고 나니 부산에 도착.

버스나 기차를 타고 이동할 때 잠을 많이 잤는데도 불구하고 피곤함이 가시지 않은 경험을 해본 적 있나요? '내가 원래 잠이 많아.'라고 생각하실 수도 있지만, 범인은 바로 버스나 기차에서 발생하는 '저주파 소음'입니다.

한국표준과학연구원의 정성수 박사는 버스나 기차를 타고 2년 동안 전국을 돌며 저주파 소음을 측정하여, 이런 대중교통에서 저주파가 심하게 나오고 있다는 결과를 얻었다고 합니다.

저주파 소음은 사람의 귀로 들을 수 없는 **100Hz 미만의 저주파**가 만들어내는 소음을 말합니다.

일상생활에서 접하는 소음과 달리 저주파 소음은 시끄러움을 인식할 수는 없지만, 몸은 그 진동을 느낄 수 있습니다. 이 소음은 공연장에서 나오는 강력한 소음과 비슷한 강도라고 하니, 저주파 소음에 시달리면 몸이 피로하지 않을 수 없습니다.

이렇게 인체에 강한 진동을 느끼게 하는 저주파 소음은 뇌와 장기에 영향을 주어 호르몬 분비에 이상을 일으키고, 아이의 집중력을 떨어뜨리거나 머리를 아프게 하여 스트레스를 줍니다. 또한, 불안한 감정을 느끼게 하여 심장 박동도 빨라지게 만듭니다.

저주파 소음은 우리가 자주 사용하는 에어컨, 가습기, 보일러, 냉장고, 온수 매트, 제습기 등 전자 제품에서도 나옵니다.

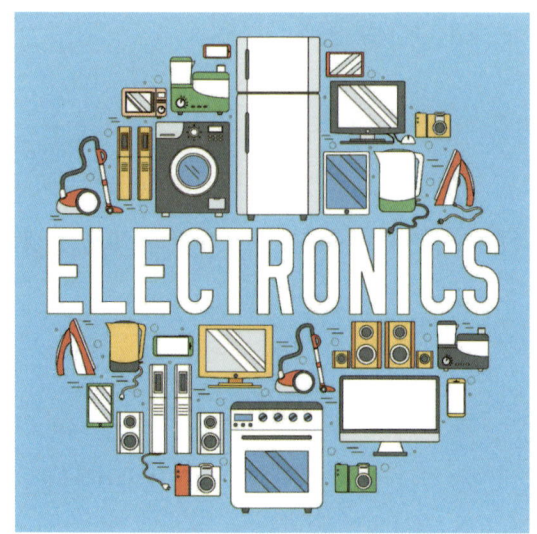
ⓒGetty Images Bank

요즘 아이들은 각종 전자 제품으로 인해 저주파 소음에 많이 노출되어 있습니다. 저주파에 지속해서 노출되면 불안감과 스트레스를 유발하는 등 인체에 악영향을 주게 되는데요. 전기도 아끼고 저주파 소음도 줄일 수 있도록 불필요한 전자 제품은 콘센트를 빼주는 것이 좋습니다.

저주파 소음은 문을 닫고 있어도 벽이나 문을 통해서 전달됩니다. 정말 끈질기게 따라다니는 저주파 소음을 어떻게 하면 떨쳐낼 수 있을까요?
 저주파 소음은 공기를 통해서 사라지게 할 수 있습니다. 공기를 순환시키는 것이 중요하기 때문에 창문이나 문을 열어놓는 것이 좋습니다.
 특히, 저주파 소음이 많이 나오는 냉장고나 에어컨은 아이의 공부방에서 되도록 멀리 배치하여야 합니다.
 그리고 저주파 소음에 시달린 아이에게 산이나 바다 등 자연을 느끼게 해주어 휴식을 취하게 하는 것이 좋습니다.

7. 외부소음, 막을 수 없을까

©Getty Images Bank

층간소음 문제는 이웃 간의 가벼운 문제를 넘어 이제는 사회적 문제로 떠오르고 있습니다. 하지만 활동적인 아이를 키우다 보면 집에서 뛰지 말고 장난치지 말라고 해도 잘 듣지 않지요.

『나는 공무원이다』라는 영화를 보면 주인공이 밴드의 뮤지션들에게 자기 집 지하실에서의 연습을 허락하면서 층간소음 문제가 발생합니다. 주인공은 밤마다 들리는 음악 소리 때문에 노이로제 증상을 보이게 되죠. 잠도 못 자고 업무 능률도 떨어져 괴로움을 느끼는 주인공의 모습에서 우리는 층간소음의 고통을 간접적으로나마 체험할 수 있습니다. 참다못한 주인공의 항의에 밴드의 뮤지션들은 벽에 계란판을 붙입니다. 소음 방지에 사용하는 방법의 하나인 계란판은 정말 효과가 있을까요?

일반적인 생각과 달리 소음 전문가들은 계란판의 방음 효과가 아주 미미하다고 합니다.

전문가들이 층간소음 문제 해결을 위한 솔루션 중 간단하면서도 대표적인 방법은 '층간소음 방지 슬리퍼'입니다. 집 안에서 층간소음 방지 슬리퍼를 착용하는 것만으로도 층간소음을 획기적으로 줄일 수 있다고 합니다. 여러 TV 프로그램에 "층간소음 방지에 효과적이다."라는 방송이 나간 후에 다양한 종류의 층간소음 방지 슬리퍼가 시중에 나오고 있으며 판매도 증가하였다고 합니다.

최근 급증하고 있는 공동주택 층간소음 문제가 이웃 간의 분쟁에서 사회문제로 확대되고 있습니다. 이를 예방하고 분쟁을 해결하기 위해서 운영하는 '층간소음 이웃사이센터'가 있습니다. 국가소음정보시스템(http://www.noiseinfo.or.kr)에서 운영하는 센터로 홈페이지를 통해 민원을 접수하면 전문가가 현장을 방문해 소음 측정 서비스를 제공합니다. 이 자료를 토대로 당사자 간의 이해와 분쟁 해결을 유도해줍니다.

그렇다면 아이의 공부방으로 들어오는 외부 소음을 막는 방법은 없을까요? 내 아이의 공부방에서 발생하는 소음도 막고, 외부에서 들려오는 소음도 막을 방법이 있습니다.

에어캡(공기 완충재)은 일명 '뽁뽁이'라고 부릅니다. 겨울이 되면 외풍을 차단하기 위해 에어캡을 창문에 붙이는 경우가 많이 있는데요. 에어캡은 방풍과 보온효과도 뛰어나지만, 소음 차단 효과 역시 뛰어납니다.

공부방에 에어캡을 설치해주면 그전보다 훨씬 소음이 줄어든 것을 느낄 수 있을 것입니다.

TIPS

조용한 방을 만들기 위한 방음 아이디어

좋은 기술력의 방음장치는 얼마든지 있지만, 예산이나 건물 구조상의 문제로 설치할 수 없는 상황이라면 가지고 있는 가구를 활용하여 소음을 줄일 수 있습니다. 책장을 벽 쪽으로 배치하면 어느 정도 옆방의 소리를 차단할 수 있으며, 방음 커튼이나 미니 방음벽을 만드는 것도 하나의 방법입니다.

1) 방음 커튼

준비물
- 창문 크기에 맞는 미터 패브릭 2장(같은 크기)
- 이불솜: 미터 패브릭보다 길이와 폭을 2cm 정도 짧게 잘라 준비
- 아일릿 2개(걸이 용도)
- 면실, 줄자, 핀 몇 개, 재봉틀, 재단용 분필

① 패브릭 2장 사이에 이불솜을 놓아주세요.
② 미터 패브릭의 가장자리를 안쪽으로 접어 단을 만들고 핀으로 고정하세요.
③ 이불솜을 감쌀 수 있도록 양쪽 패브릭을 접합해 박음질로 마무리해주세요.

④ 이불솜을 고르게 펴 놓고 격자형으로 박음질해 커튼을 만드세요.

⑤ 커튼을 고리에 걸 수 있도록 상단에 아일릿을 끼우면 완성!

2) 방음벽

준비물:
- ✓ 원하는 크기의 액자
- ✓ 이불솜, 미터 패브릭
- ✓ 가위, 테이프

① 미터 패브릭 위에 이불솜을 놓고 그 위에 액자 뒤판을 올려놓아 주세요.

② 미터 패브릭 모서리를 접어 액자 뒤판을 감싸고 테이프로 고정해요.

③ 액자에 있는 플라스틱판이나 유리를 떼어낸 후 미리 만들어놓은 액자 뒤판을 액자에 넣으면 완성!

이렇게 만든 미니 방음벽(방음 액자)은 앞에서 보면 평평한 패브릭만 보이게 되는데요.

방음 액자를 벽에 붙여 메모판으로 활용하거나 여러 개를 원하는 형태로 배치하여 하나의 조형물처럼 만드는 것도 좋은 방법입니다.

(출처: 이케아)

8. 소음형 엄마 vs 대화형 엄마

©Getty Images Bank

아이를 키우면서 정말 중요한 것 중 하나가 아이와의 소통입니다. 하지만 소통과 잔소리의 구분은 항상 어렵습니다. '이건 잔소리가 아니라 다 잘되라고 하는 말이야!'라는 생각으로 우리는 듣기 싫은 말을 아이에게 하게 됩니다.

하지만 불행하게도 잔소리를 많이 듣고 자란 아이는 그렇지 않은 아이보다 소극적이고 예민한 아이가 될 확률이 높다고 합니다.

물론, 잘못된 행동에 대해서 아무런 지적도 하지 않는 것은 올바른 양육 태도가 아닙니다. 하지만 지적의 방법에 따라 소음형 엄마가 될 수도, 대화형 엄마가 될 수도 있습니다.

아이와 충돌을 계속 일으키는 **소음형 엄마**와 차분하게 대화로 풀어 나가는 현명한 **대화형 엄마**와의 차이는 무엇일까요?

아이가 잘못된 행동을 하였을 때
"너는 누굴 닮아서 그러니?"
"내가 너 때문에 못 살아!"
"넌 커서 무엇이 되려고 그러니?"와 같은 감정이 담긴 말을 아이에게 자주 하는 엄마는 소음형 엄마에 가깝습니다.

대화형 엄마는 아이가 잘못된 행동을 하였을 때 문제 행동에 대해서만 지적을 하고 수정해나갈 수 있도록 방법을 함께 찾아갑니다. 대화형 엄마에게서 자란 아이는 부모와 소통도 원활하고, 인간관계에 있어서 어떠한 문제가 생겼을 때 감정을 앞세우기보다는 대화로 풀어나가려는 태도가 형성됩니다.

내 아이를 잘 키우기 위해 소음형 엄마보다는 대화형 엄마가 되고 싶은 욕심이 생기지 않나요? 대화형 엄마는 소음형 엄마보다 훨씬 현명하게 아이의 문제 행동에 대해 수정을 하면서도, 본인의 감정도 상하지 않고 아이의 감정도 상하게 하지 않습니다. 그럼 어떻게 하면 대화형 엄마가 될 수 있을까요?

대화형 엄마가 되기 위한 6가지 방법을 알고 행동한다면 대화형 엄마가 될 수 있습니다.

> **TIPS**
>
> **대화형 엄마의 대화 기술 6가지**
>
> ① 30초만 감정 조절하기
> ② 무조건 화내기보다 잘못된 행동 지적하기
> ③ 잔소리하기 전 아이 이야기 들어주기
> ④ 잔소리하는 이유 말해주기
> ⑤ 짧고 굵게 이야기하기
> ⑥ 바른 행동 제시해주기

예민하고 감성적인 아이들에게는 체벌만큼이나 고함도 큰 상처가 될 수 있습니다.

"너 때문에 창피하다."

"왜 이렇게 게으르냐?"

"정말 멍청하네."와 같이 상처를 주는 말과 함께 고함을 지르면 아이가 비행을 저지르게 될 가능성이 커집니다.

아이의 잘못을 혼내는 방법으로 고함을 지르는 것은 잘못을 깨우치기보다는 부정적으로 변하게 합니다. 이럴 때는 스마트폰을 사용하지 못하게 하거나 TV 시청을 제한하는 등 아이가 평소에 누리던 것을 못하게 하는 방식으로 훈육하는 것이 좋습니다.

화가 나는 상황에서 화를 참기란 쉽지 않죠? 하지만 화를 내고 뒤돌아서서 생각해보면 '그렇게 화를 낼 상황이었나?' 하고 생각이 들기도 한답니다.

소음형 엄마였다면 이제부터라도 대화형 엄마가 되어보세요. 엄마가 먼저 달라지면, 우리 아이도 반드시 달라집니다.

Chapter
04

부모는
아이의 조력자이다

1. 환경에 따라 다르게 자라는 아이

©Getty Images Bank

"콩 심은 데 콩 나고, 팥 심은 데 팥 난다."라는 속담이 있습니다. 밭에 콩을 심어놓고 팥이 열리기를 기대하고 있는 사람을 보면 어떠한 생각이 들까요?

열매는 씨앗의 종류에 따라 다르게 열립니다. 따라서 우리는 처음부터 씨앗을 바르게 심어야 합니다. 아이들에게 어떠한 환경의 거름을 주고 있으신가요?

우리가 씨앗을 심어주고, 좋은 거름을 뿌려주고, 좋은 열매를 맺을 수 있게 하기 위해서는 심리적 환경이 중요합니다.

공부하는 환경은 크게 '물리적 환경', '신체적 환경', '심리적 환경' 세 가지로 구성되어 있습니다. 물리적 환경과 신체적 환경은 쉽게 확인할 수 있는 경우가 많지만, 심리적 환경은 눈에 보이지 않기 때문에 까다롭고 어려운 환경입니다.

그러나 이 세 가지 공부 환경은 앞에서도 살펴본 바와 같이 동떨어져서 존재하는 것이 아니라 긴밀한 관계를 맺으면서 서로에게 영향을 끼칩니다. 물리적 환경이 좋지 않을 때 신체적으로 악영향을 받을 수 있으며, 몸이 건강하지 않을 때 심리적으로 불안해질 수 있습니다.

공부방이 신체 나이에 맞게 잘 꾸며져 있다면 심리적으로 건강하고 안정되며, 물리적 영향도 덜 받게 됩니다.

그렇다면 '심리적 환경'의 가장 중요한 요인은 무엇일까요?

아이의 심리는 부모에 의해 많은 영향을 받으므로 심리적 환경에 대한 지식은 부모님에게 꼭 필요한 부분입니다. 심리적 환경은 단시간에 이루어지는 것이 아니고 꾸준한 노력으로 완성되는 것이기 때문에 심리적 안정감을 주는 것은 아이의 집중력을 향상하는 데 중요한 작용을 합니다.

그러므로 부모와의 정서적 교감의 시간을 꾸준히 가지는 것에서부터 아이의 심리적 안정감이 시작됩니다.

특히, 청소년의 뇌는 아직 성숙하지 않은 상태입니다. 감정과 본능을 비롯하여 사고력을 조절하는 전두엽이 가장 늦게 성숙되어 청소년은 감정 기복이 심하고 충동적입니다. 이 시기에는 부모가 아이를 대하는 태도에서 아이의 정서적인 안정과 자존감이 다르게 형성됩니다.

아이의 씨앗이 양질의 토양에서 건강한 자신만의 싹을 틔울 수 있도록 하는 것은 부모의 역할임을 잊지 말기를 바랍니다.

2. 학습을 좌우하는 내적 동기

©Getty Images Bank

 아이가 공부에 대한 동기가 없다면 아무리 훌륭한 공부방을 조성해도 소용이 없겠지요. 공부처럼 자칫 지루해질 수 있는 장기 레이스에서는 아이의 동기가 특히 중요합니다.
 자기 주도적 학습은 공부에 대한 동기가 바탕이 되었을 때 가능한 것이며, 동기가 바탕이 되지 않은 아이는 부모님이 공부방을 꾸며주고 노력해도 밑 빠진 독에 물을 붓는 결과를 초래할 수 있습니다.

 공부에 대한 동기는 다양한 형태로 나올 수 있는데, 가장 좋은 것은 아이 스스로 내적인 동기를 발견하여 공부하는 것이며, 내적인 동기는 학습이 지속되는 기간이 가장 길다고 합니다. 그러나 아이가 어릴수록 공부에 대한 동기는 내적인 요인보다 외적 요인인 주변 환경에 영향을 많이 받습니다.

외적 요인에 의해 아이가 공부에 흥미를 느끼게 되었다면 부모나 교사는 이를 적절히 촉진시켜서 내적인 동기로 전환할 수 있도록 도움을 주어야 합니다.

동기가 없는 학생은 공부가 너무 어려워서 공부에서 손을 떼거나 무기력해지며, 게임 등의 유혹에 쉽게 넘어갈 수 있는 상태에 놓이는 경우가 많습니다. 반면, 공부에 대한 동기가 있는 아이는 스스로 주변의 영향을 받지 않고 알아서 척척 공부를 잘하게 됩니다.

이렇듯 공부 환경에서 동기는 매우 중요하기 때문에 부모는 아이들에게 스스로 내적인 동기를 부여하기 위해 다양한 방법을 동원할 수 있습니다.

©Getty Images Bank

가장 좋은 동기부여 방법으로는 칭찬과 격려입니다. 그런데 재미있는 사실은 부모들이 가장 효과적인 동기부여 방법으로 칭찬과 격려를 가장 먼저 언급하지만, 실제로 가정에서는 부정적인 언어를 가장 많이 사용하고 있다는 것입니다.

그럼 먼저 효과적인 칭찬과 격려의 방법은 무엇일까요?
세계적인 마에스트로 레너드 번스타인은 '칭찬의 리더십'을 실천한 대표적인 인물로서 번스타인의 칭찬을 받은 오케스트라 단원들은 스스로 무대의 주인공임을 알고 더욱 실력을 갈고 닦는다고 합니다. 그래서 번스타인의 오케스트라는 항상 능동적이며 자율적이었습니다. 또한, 오케스트라 단원들은 번스타인의 칭찬을 받기 위해 끊임없이 노력한다고 합니다.

번스타인의 세 가지 칭찬 법칙을 살펴보면, <u>첫째는 구체적으로, 둘째는 공개적으로, 셋째는 즉시 칭찬</u>을 하였다고 합니다.
칭찬의 기술에 대해 한 번 더 강조하면 칭찬은 구체적이고, 공개적으로 즉시 칭찬을 하여야 합니다. 결과가 아닌 과정에 대해서, 솔직하게, 아이 스스로 실천 가능한 것에 대한 칭찬이 가장 좋은 칭찬이라고 할 수 있습니다.
하지만 칭찬은 양날의 검과 같아서 잘못된 방법으로 칭찬하면 도리어 역효과를 불러올 수 있습니다.

EBS 『다큐프라임』 「칭찬의 역효과」에서는 자신이 한 일보다 과도하게 칭찬을 받은 아이들은 부담을 느끼며, 그 칭찬에 부응하기 위해서 커닝하는 모습을 볼 수 있습니다.

또 다른 실험에서는 책을 많이 읽으면 칭찬 스티커를 주자, 아이들은 칭찬 스티커를 받기 위해 쉬운 책을 골라 건성건성 읽으며 읽은 책의 숫자만 신경을 쓰는 모습을 보이기도 하였습니다.

그러나 칭찬의 역효과가 있다고 하더라도 칭찬의 힘을 포기할 수는 없겠지요.

부모님들은 평소에 아이에게 어떠한 칭찬을 하고 있으신가요? 구체적인 칭찬은 아이의 자존감을 높여줍니다.

다음으로 내적인 동기를 가질 수 있도록 하는 방법으로는 아이가 스스로 미래를 그려볼 수 있도록 도와주는 것으로, 아이가 자신의 미래에 대한 관심이 많을수록 내적 동기는 더욱 높아집니다.

우리 아이의 꿈의 키워드는 무엇일까요?

미래학자 제레미 리프킨의 『노동의 종말』에서 2030년에는 30%, 2050년에는 5%만이 일자리를 가지게 되리라 예측한 것처럼 미래학자들은 미래에는 현존하는 직업들의 상당수가 사라질 것이라고 말하고 있습니다. 아이를 키우는 부모라면 미래에 대해 알고 준비하는 것이 정말 중요한 일입니다.

그럼 현재뿐 아니라 미래에도 살아갈 우리 아이의 달라질 미래를 어떻게 준비해야 할까요? 아이의 꿈의 키워드는 특정 분야에 대한 지식일 수도 있고, 취미로 할 수도 있고, 어떠한 가치관이나 태도일 수도 있습니다. 이렇듯 다양한 꿈의 키워드가 있지만 가장 핵심적인 사실은 '억지로 하는 것이 아니라 즐기며 스스로 만들어낸 것'이라는 것입니다.

공자가 "아는 사람이 좋아하는 사람만 못 하고, 좋아하는 사람은 즐기는 사람만 못 하다(知之者 不如好之者 好之者 不如樂之者)."라고 한 것처럼 즐기면서 나만의 색깔을 가진 아이로 키운다면 미래의 불확실함을 이기는 내적인 힘을 가질 수 있을 것입니다.

미래를 위한 준비, 미래지향적인 공부는 무엇일까요? 미래지향적인 공부는 암기력의 확인이나 단순한 문제풀이에서 그치는 것이 아니라 문제 해결력이나 창의력, 분석력을 키워주는 것입니다.

아이의 내적 동기 수준을 파악하여 동기가 없다면 동기를 만들어줄 방법을 적극적으로 모색해야 합니다.

만약 동기가 약하다면 동기를 강화할 방안을 먼저 확보하는 노력을 기울일 때 공부 환경과 내적 동기가 조화를 이루어 가장 큰 효과를 발휘할 수 있을 것입니다.

따라서 아이에게 맞는 공부 환경을 조성해주는 것은 아이의 내적인 동기를 강화해주는 훌륭한 도구가 될 수 있습니다.

3. 우리 아이 성향에 맞는 공부 환경

©Getty Images Bank

　우리 아이는 어떠한 공부 유형일까요? 의사가 병을 정확히 진단해서 해결책을 찾아 병을 고치는 것처럼 아이의 공부 성향을 진단하는 것이 공부방 환경 조성의 첫걸음입니다.
　다음에 나오는 성향을 우리 아이와 비교하여 확인해봄으로써 부모님께서 아이에게 가장 적합한 공부 환경을 마련해줄 수 있습니다.

1) 스스로형 아이

이 유형의 아이는 학습 자체에 어려움을 느끼지 않고 스스로 공부하는 유형으로, 자신만의 공부 방법이 있어서 자기 주도적인 학습을 좋아합니다. 그러므로 성적이 좋을 가능성이 높지만, 학습 방법이 잘못되었거나 특정 과목과 맞지 않을 때는 열심히 공부해도 성적이 제자리일 수 있으므로 학습 방법의 적합성에 관한 확인과 관심이 필요합니다. 스스로 하는 자기 주도적인 학습 습관은 학업에 긍정적인 영향을 미치므로 지속해서 유지할 수 있도록 부모님께서 도와주셔야 합니다.

스스로형 아이의 학습 유형은 매사에 적극적이고 외향적인 학습 유형으로, 학교생활을 즐기고 교우 관계가 원만한 편입니다. 프로젝트 형식의 과제 수업과 자신만의 공부 방법으로 자기 주도적인 학습을 좋아합니다.

공부 환경은 아이가 선호하는 방향으로 꾸며주세요.

2) 의존형 아이

이 유형의 아이는 학습 방법이 불분명하고 학습 방법에 대한 고민도 적은 유형으로, 스스로 중요한 것을 고민하여 선택적으로 공부하기보다는 수동적으로 받아들이는 편이기 때문에 시간 대비 공부 결과의 효율이 떨어질 수 있습니다.

하지만 다른 사람의 의견을 잘 수용하는 면도 있어 좋은 선생님을 만나 올바른 공부법을 배운다면 크게 발전할 수 있는 유형이지요. 또한, 협력적 상황에서 크게 분쟁을 일으키지 않고 과제를 해결해나갈 수 있는 유형으로 시행착오를 겪을지라도 스스로 계획을 짜서 공부하는 습관을 들이도록 것이 중요합니다.

의존형 아이의 학습 유형은 공부를 수동적으로 받아들이는 편으로 과외나 학원 등에서 선생님과 함께 공부하기를 원합니다.

따라서 공부방을 옐로우 톤이나 오렌지 톤으로 꾸며주어 적극적이고 활력이 생기도록 만들어주고, 부모님이나 형제와 함께 공부할 수 있는 환경을 꾸며서 시너지 효과를 주는 것이 좋습니다.

3) 함께형 아이

이 유형의 아이는 매사에 적극적이고 외향적인 학습 유형으로, 학교생활을 즐기고 교우관계가 원만한 편입니다. 또한, 사교성이 높고 협력적인 성향을 가지고 있습니다.

프로젝트 형식의 과제가 많아지는 최근의 학교생활에 잘 맞는 유형으로, 가능한 한 어릴 때부터 여러 가지 다양한 체험을 할 수 있도록 해주어 진로의 방향을 선택하는 것이 좋습니다. 진로의 방향을 선택한 이후에는 진로에 맞는 체험, 활동들을 포트폴리오로 정리해주세요. 입학사정관제를 준비하기에 적합한 유형입니다.

함께형 아이는 하달식 교육이 아닌 토론식 수업을 선호하므로, 자주 발표할 기회가 있으면 집중을 잘하며, 쓰는 과제보다는 읽기나 활동 위주의 과제를 좋아하기 때문에 다양한 활동이 많으면 흥미를 느낍니다.

따라서 공부방을 블루 톤으로 꾸민다면 적극적이고 에너지가 넘치는 성향에서 인내심과 자제력, 집중력을 보완할 수 있습니다.

4) 경쟁형 아이

이 유형의 아이는 경쟁적인 상황에서 더 좋은 결과를 얻는 유형으로 특히, 스포츠 경기 같은 상황에서 두각을 나타내거나 열심히 하려는 의지가 높은 유형입니다.

잘한 것에 대한 칭찬이 꼭 필요하고, 잘못했을 때도 열심히 한 부분에 대해 격려해주어야 합니다. 가시적인 성과가 없는 일에 대해서는 동기가 낮아서 일상생활이나 평범한 활동에 대해서는 적극적이지 않을 수 있습니다. 이 유형의 학생은 자신의 진로와 수준에 맞는 작은 경연대회부터 도전할 수 있도록 도와주는 것이 좋습니다.

경쟁형 아이는 발표할 기회가 있으면 먼저 하고 싶어 하는 경향이 있으며, 교사가 중심이 되어서 진행되는 수업을 선호하는 유형입니다.

특히 과제나 시험에 대해 좋은 성적을 받으면 공개적으로 칭찬을 받기를 원하고, 자신이 잘하는 분야의 수업에만 몰두하는 경향이 있습니다.

그러므로 편안함과 안정감을 줄 수 있는 핑크 톤으로 공부방을 꾸미며

주는 것이 좋으며, 남자아이의 경우에는 핑크색 소품을 이용하여 꾸며주는 것도 좋습니다.

5) 압박형 아이

이 유형의 아이는 주위의 압박 때문에 어쩔 수 없이 공부하는 유형으로, 내적인 동기보다 외적인 동기가 더욱 강하게 작용합니다. 적절한 압박은 도움이 될 수 있으나 그 수위가 지나치면 스스로 동기를 부여할 기회를 놓칠 수 있습니다.

따라서 압박의 수위를 조절하고, 압박이 없는 상황에서도 스스로 공부할 수 있는 습관을 길러주는 데 초점을 맞춰야 합니다. 압박이 지속될 경우에 압박에 무뎌져서 더 큰 자극이 와야만 반응을 할 수도 있으므로, 압박을 줄여나가는 것이 중요합니다. 압박형 아이는 수업 내용을 칠판에 요약 정리해주기를 원하고, 자율적인 과제보다는 정확한 지시나 기한이 주어진 과제를 선호합니다. 그래서 모호한 수업보다는 명확한 수업을 선호합니다.

부모님께서는 공부 형태 유형을 살펴보시고, 아이의 성향을 파악하여 최고의 공부 환경이라는 선물을 주시기 바랍니다.

4. 매니저가 아닌 컨설턴트가 되어주세요

©Getty Images Bank

아이가 처음 세상에 빛을 보게 되었을 때부터 영유아기까지 부모는 아이에게 절대적인 존재입니다.

아이의 사회적 관계가 형성되는 유치원과 학교에 가면서부터 부모의 자리가 달라지게 됩니다.

EBS 『다큐프라임』「엄마의 뇌 속에 아이가 있다」에서는 아이의 발달 단계에 따라 부모는 보호자, 양육자, 훈육자, 격려자, 상담자, 동반자로 나누어진다고 하였습니다. 즉, 아이가 처한 상황에 따라 부모도 변화가 필요하다는 것입니다.

그런데 문제는 아이가 성장하면서 신체적으로, 사회적으로 발달함에 따라 부모의 역할이 바뀌어야 하는데, 아이의 일거수일투족을 확인하고, 해야 할 일을 알려주는 매니저 역할을 자처한다는 것이지요. 부모님은 매니저가 아닌 **컨설턴트의 역할**을 하여야 합니다.

그럼 매니저와 컨설턴트의 다른 점은 무엇일까요?

매니저는 일상의 모든 것을 챙기며 옆에서 세세한 것까지 알려주는 존재이지요.

반면 컨설턴트는 아이가 도움이나 조언을 필요로 할 때 찾을 수 있는 존재입니다. 부모는 아이의 어떠한 말이나 행동에 대해 평가하기보다는 가감 없이 들어주며 아이가 스스로 올바른 결론을 내릴 수 있는 생각의 틀을 함께 만들어주는 것입니다.

부모가 컨설턴트가 되어야 하는 이유는 무엇일까요? 책에서 살펴보았듯이 아이에게 영향을 미치는 공부 환경은 다양합니다. 다양한 공부 환경 중 '부모'가 미치는 공부 환경은 결정적이라고 할 수 있습니다.

아이는 어릴 때부터 부모와 많은 시간을 보내면서 부모의 말 한마디, 작은 행동 하나하나에 신경을 쓰며 기뻐하거나 긴장을 하게 됩니다.

먼저 노력하는 부모, 따뜻한 부모, 힘이 되는 부모, 행복한 부모 밑에서 자라는 아이가 공부를 잘할 가능성은 얼마나 될까요? 아마도 그 가능성은 매우 클 것입니다.

아이들은 부모님들이 자신이 방에 있을 때 의심의 눈으로 방문을 벌컥 열어보고 확인하는 순간 몰입 상태에서 무장해제 되며 짜증과 허탈감에 휩싸이게 됩니다. 사람은 누구나 자신을 믿어주는 사람을 위해 최선을 다합니다. 심지어 아이들은 자신이 딴짓을 하고 있을 때조차 부모님이 자신을 믿어주고 응원해주기를 바랍니다.

아이가 중, 고등학생이 되면 자아가 강해지고 자신만의 세계를 구축하고 싶어 합니다. 이에, 아이는 부모가 자신의 세계를 존중해주기를 바랍니다.

이러한 환경에서 부모가 어렸을 때부터 하나하나 간섭하고 확인하는 매니저 역할보다는 아이를 믿어주고, 아이의 눈높이에 맞춰 아이를 도와주며 정서적으로 교감할 수 있는 컨설턴트의 역할을 하는 것이 굉장히 중요합니다.

그럼 우리 아이의 컨설턴트가 되려면 어떻게 하면 될까요?

첫째, 어떤 분야의 컨설턴트든지 자신만의 방법론이 있습니다. 방법론은 많거나 복잡한 것이 아니라 일관성 있고 꾸준한 실천이 중요합니다.

둘째, 부모가 아이의 상태를 객관적으로 파악하기는 어려운 점이 많습니다. 아이의 상태를 파악할 수 있는 다양한 테스트의 도움을 받아 아이의 때에 맞는 도움을 주어야 합니다.

셋째, 정서적으로 꾸준히 교감할 수 있는 시간을 가져야 합니다.
만약 시간적인 여유가 되지 않는다면 매일 손으로 쓴 쪽지를 주고받거나 일정한 스킨십을 하는 것도 도움이 됩니다.

5. TV 시청과 컴퓨터 게임 어떻게 하면 좋을까?

©Getty Images Bank

　우리 아이가 TV와 컴퓨터를 과사용하는지 한 번쯤 생각해보신 적이 있으신가요? 그만큼 TV와 컴퓨터는 우리 삶의 한 부분을 차지하고 있습니다.

　중요한 것은 현재와 미래의 직업은 미디어와 밀접한 관련이 많다는 것입니다.
　ICT(information communication Technology) 정보통신기술의 활용 능력은 이제 현대인의 기본적인 역량이 되었지요.
　우리 생활 전반에 깊숙이 자리 잡은 TV와 컴퓨터를 아이가 하지 않도록 막는 것이 아닌, 득과 실을 알고 현명하게 활용하는 방법을 아는 것이 중요합니다.

우선 만2세까지는 TV를 보지 않는 것이 좋습니다.

『아이두뇌백과』에 의하면 만2세 전의 아이들에게 TV 시청을 하게 하면 언어발달을 부진하게 만들고, TV의 밝은 색채와 빠른 화면이 주의 집중 발달에도 영향을 미친다고 합니다.

더욱이 만3세 이전에 폭력물을 시청한 아이들은 ADHD에 걸릴 확률이 두 배가량 높다는 연구 결과도 있습니다.

그러나 그 이후의 아이들에게 지적 발달단계에 맞는 교육 방송 프로그램을 보여주면 학습에 도움이 됩니다.

컴퓨터 게임은 어떤 득과 실이 있을까요? 컴퓨터 게임은 의외로 주의력 및 집중력 향상에 도움을 주기도 합니다. 총격전 등의 액션 게임의 경우 반응 속도와 시각 주의력을 높여주고, 다양한 정보 중에 필요한 정보에 주의를 기울이는 연습을 게임 중에 할 수 있다는 것입니다.

다른 한편으로는 컴퓨터 게임이 사회성을 떨어뜨리는 원인이 되기도 합니다. 가상의 컴퓨터 게임으로 대화나 소통을 하다 보면 다른 사람들의 감정적 신호를 인지하고 이해하는 능력이 저하되어 다른 사람의 고통에 둔감해집니다.

이러한 컴퓨터 게임에 관련해서는 부모님의 관심과 통제가 필요하겠지요.

TV와 컴퓨터의 기능이 스마트폰으로 넘어감에 따라 TV를 보며 모바일 게임을 한다든지, 길을 걸으면서 SNS를 하는 등 아이들이 다중 작업을 하는 경우가 많아지고 있습니다.

다중 작업을 하는 경우 시간을 효율적으로 쓰는 것 같이 느껴지지만, 단독 작업의 효율성을 떨어뜨리고 집중력을 저하하는 작용을 합니다. 우리의 뇌는 한 번에 한 가지보다 많은 일에 집중하기가 어렵기 때문입니다.

아이가 TV나 컴퓨터 게임을 잘 사용할 수 있도록 하기 위해서는 대안 행동을 제시해주어야 합니다. 하지 말아야 할 행동에 몰두할 때 다른 행동을 제안하는 것을 대안 행동이라고 하는데요, 대안 행동은 아이가 흥미를 느낄 수 있고 자신이 현재 하던 행동에 상응할 만큼 아이에게 즐거운 일이어야만 합니다.

Part 3

기억력과 집중력에 도움이 되는 요소

Chapter
01

기억력과 집중력 향상에 필요한 영양소를 먹여라

1. 아이의 뇌에 좋은 음식 이야기

©Getty Images Bank

　유아기와 같이 성장 발달이 끊임없이 일어나는 시기에 영양소는 모든 면에서 가장 기본이 되는 요소입니다. 아이에게 음식은 신체적 발달뿐만 아니라 인지적 기능 발달에도 매우 중요합니다.

　그렇다면 뇌에 좋은 음식에는 무엇이 있을까요? 대표적인 것으로 우유와 유제품, 견과류, 등 푸른 생선 등이 있습니다.

　기억력과 집중력, 학습 능력 등은 음식에 들어있는 영양소를 섭취함으로써 좋아질 수 있습니다. 뇌는 우리 몸의 2%를 차지하지만, 에너지 소비량은 20% 이상이므로 충분한 에너지를 공급해야 기억력이 좋아지고 뇌가 똑똑해집니다.

1) 등 푸른 생선

©Getty Images Bank

　등 푸른 생선에는 DHA가 풍부하여 두뇌에 좋은 음식으로 이미 알려져 있습니다.

　대표적인 생선이 고등어죠.

　고등어에 풍부한 DHA 성분이 뇌세포를 활성화해 두뇌 발달에 도움을 주어 학습 능력이 높아지는 효과를 볼 수 있습니다. 그 외에도 꽁치, 삼치, 참치, 장어, 연어 등 다양한 생선들이 두뇌 활동에 매우 좋습니다.

2) 검은콩

©Getty Images Bank

검은콩은 일반 콩보다 양질의 단백질과 지방산, 그리고 중요한 성분인 비타민B가 풍부합니다.

각종 질병 예방에도 중요한 역할을 하는데, 콩을 볶는다면 뇌 자극에 효과가 높아진다고 합니다.

아이가 공부할 때 탄수화물의 소모가 많기에 배고픔을 느낄 수 있습니다. 볶은 콩을 간식으로 주면 도움이 됩니다.

만약에 통째로 먹기 힘들다면 두부나 두유로 만들어 먹으면 영양소 섭취율이 더욱 높아집니다.

3) 견과류

ⓒGetty Images Bank

　뇌의 모습과 비슷한 호두, 땅콩, 아몬드, 호박씨 등은 필수지방산이 많이 함유되어 가공식품인 과자 대신 섭취하면 맛과 영양 둘 다 잡을 수 있습니다.

　또한, 견과류에는 아미노산, 비타민, 신경계통에 좋은 칼슘과 칼륨까지 풍부하여 두뇌 발달에 좋은 역할을 합니다.

　추진력과 억제력을 돕는 기능이 있기에 공부할 때 간식으로 먹으면 좋습니다.

4) Dark chocolate(다크 초콜릿)

©Getty Images Bank

　카카오 함량이 높은 다크 초콜릿은 플라바놀 성분이 풍부하여 뇌의 신진대사를 활발하게 하여 집중력을 높여주는 역할을 합니다.
　또한, 아연이나 마그네슘, 철분 등이 풍부하여 뇌 건강에도 큰 도움을 준다고 합니다.

　하지만 아무리 좋은 음식이라도 많이 먹으면 독이 되므로 적당량을 섭취하는 것이 좋습니다.

5) 달걀

©Getty Images Bank

완전식품이라 불리는 달걀은 단백질이 풍부하여 아이의 성장과 면역에 큰 도움을 줍니다.

달걀에 풍부하게 들어있는 비타민 B6와 B12는 도파민 활성화에 도움을 주고, 노른자는 기억력을 좋게 해줍니다. 포도당 대사를 도와 뇌에 영양을 공급하는 기능을 하기도 합니다.

요리법이 다양하고 편리하여 아이의 기호에 맞게 요리하기 쉬운 식재료 중의 하나입니다.

6) 소고기

©Getty Images Bank

옛날에는 잘사는 집에서만 먹었다는 소고기에는 아연과 철분이 풍부하여 집중력과 기억력에 많은 도움을 줍니다.

소고기의 마블링은 지방 함량이 높으므로 과체중을 유발할 수 있어 소고기를 섭취할 때에는 탄수화물을 평소보다 적게 섭취하는 것이 좋습니다.

7) 탄수화물

©Getty Images Bank

　탄수화물은 우리 몸의 주요 에너지원으로 신체적 성장뿐만 아니라 뇌에 에너지를 공급하는 역할을 합니다.
　뇌에 필요한 포도당은 계속해서 공급되어야 합니다. 당질은 우리 몸에서 매우 천천히 흡수되므로 탄수화물은 낮에 섭취하는 것이 좋습니다.
　시리얼 또한 탄수화물을 함유하고 있어서 아이들의 아침 식사 대용으로 좋습니다. 하루를 힘차게 시작할 에너지를 줄 수 있습니다.

8) 설탕

©Getty Images Bank

설탕이 아이의 뇌에 좋은 식품에 포함되는지 고개를 갸우뚱하시는 분들이 있으실 텐데요. 설탕은 뇌에 자극을 주고 활성화 상태를 유지하는 데 중요한 역할을 합니다.

그러나 섭취량은 제한적이어야 합니다. 과잉 섭취는 아이의 건강에 해로울 뿐만 아니라 소아 비만과 같은 질병을 일으킬 수 있기 때문입니다.

9) 유제품

©Getty Images Bank

유제품은 칼슘이 풍부하게 함유되어 신경 기능 조절에 매우 중요한 영양소입니다. 스트레스를 받거나 정신적으로 매우 피로한 상태를 낮춰주는 중요한 역할을 합니다. 그래서 요구르트, 우유, 치즈는 꼭 먹어야 합니다.

이처럼 영양가 있는 균형 잡힌 음식은 아이의 성장과 발달의 모든 면에서 가장 기본을 이루는 요소입니다. 신체적 성장뿐만 아니라 인지적, 정서적 발달을 위해서도 매우 중요하며, 이는 공부 환경에도 많은 영향을 주게 됩니다.

공부를 열심히 하기 위해서 기본적인 것은 체력입니다. 몸이 튼튼해야 두뇌를 제대로 쓸 수 있으므로 아이가 체력이 떨어져 공부하는 것을 힘들어한다면 아이의 식습관을 잘 살펴보아야 합니다.

또한, 아무리 좋은 영양소를 갖춘 음식이라 해도 아이의 체질에 따라 좋은 음식 또는 나쁜 음식이 될 수도 있으므로 아이에 대한 지속적인 관심과 노력을 기울여야 합니다.

2. 보이지 않는 힘 향기

©Getty Images Bank

일본 뇌 과학자 모기 겐이치로의 저서 『뇌가 기뻐하는 공부법』에서 기억을 잘하기 위해 다양한 감각을 자극해야 한다고 주장하였습니다.

향기가 나는 환경에서 공부하면 오감 중인 후각을 자극하여 공부한 내용을 더 오래 기억한다는 것입니다.

좋은 향기는 엔도르핀을 분비하게 하여 기분이 좋아지고 심신 안정에 도움을 줍니다. 또한, 자연 치유력으로 면역력을 강화하여 신체 기능을 정상화할 수 있는 효과를 줍니다.

그럼, 아이의 공부방에 좋은 향은 어떤 것들이 있을까요? 공부방은 공부와 일상생활을 병행해야 한다는 뚜렷한 목적을 가진 공간입니다.

집중력과 기억력을 높이는 데에는 천연 허브나 아로마 향, 시나몬 향이 좋습니다.

이런 향기를 이용하여 공부방을 최적화시키면 공부에도 도움이 되고, 수험생의 고질병인 두통, 불안감, 스트레스 등을 해소할 수 있습니다. 더 나아가서는 귀찮은 해충까지 퇴치하는 효과를 볼 수 있습니다.

아이가 중, 고등학생이라면 신체 활동이 활발하고 호르몬이 변화하는 시기입니다. 땀으로 찌든 교복과 체육복 등으로 인해 공부방에 불쾌한 냄새가 많이 나기도 합니다.

이때 아로마 향초 등을 이용하면 단시간에 냄새도 제거하고, 아이의 심신 상태를 건강하게 유지하는 일거양득의 효과를 볼 수 있습니다.

3. 편안함을 주는 향기

1) 라벤더

ⓒGetty Images Bank

라벤더는 불안한 심리를 안정시키는 작용과 진정 작용으로 효과가 매우 좋습니다. 살균과 방충 효과도 뛰어나고, 스트레스 해소나 근육 긴장 해소, 통증 완화 등에 도움을 주는 아주 좋은 허브입니다.

라벤더로 차를 끓여 마시면 진정 작용에 효과가 있고, 진통과 두통을 없애줍니다. 또한, 기분이 우울하거나 초조하여 잠을 이루지 못할 때 사용하면 기분 전환이 되고, 숙면에 도움을 주어 피로 회복이 됩니다.

2) 로즈

©Getty Images Bank

장미는 우아한 향기로 기분을 고양시키고 행복감을 줍니다. 스트레스를 해소해주기도 하며, 식욕을 억제하기도 한답니다.

한창 공부할 나이의 아이들이 살이 쪄서 고민하고 다이어트로 인해 시간을 낭비하는 것을 방지할 수 있습니다.

3) 재스민

ⓒGetty Images Bank

　재스민은 달콤하고 기분을 전환해주며 피로를 해소해주는 기능이 있어 스트레스를 많이 받을 때 추천합니다.

　예를 들어 시험 기간이거나 중요한 자격시험을 앞두고 있을 때 사용하면 좋습니다.

　또한, 주방에 재스민을 두면 분위기를 우아하게 하고, 공기를 좋게 할 수 있습니다.

4. 호흡기에 도움을 주는 향기

1) 티트리

©Getty Images Bank

티트리는 독특하고 강한 향을 가지고 있어서 살균 효과가 뛰어나고 기분을 상쾌하게 합니다.

특히, 항균 작용을 하여 호흡기 질병, 꽃가루 알레르기, 감기 등에 효과가 좋아 알레르기가 심한 아이들이 있는 환경에 추천합니다. 환절기에 사용하면 더욱 좋은 효과를 볼 수 있습니다.

2) 박하

ⓒGetty Images Bank

박하는 시원한 느낌을 주고 스트레스와 피로를 완화해주며 졸음을 억제해준다고 합니다.

코막힘이나 인후통 등의 호흡기 컨디션을 좋게 해주는 기능이 있어 공부하는 아이들에게 좋은 효과를 줍니다.

5. 집중력 향상에 도움을 주는 향기

1) 로즈메리

©Getty Images Bank

로즈메리는 청량하고 신선한 향기를 가지고 있어서 집중력과 기억력 향상에 효과가 있습니다. 공부를 하거나 일을 할 때 필요한 향이라 할 수 있습니다.

또한, 아침에 못 일어나고 힘들어하는 아이들도 개운하게 일어날 수 있도록 도움을 줍니다.

2) 유칼립투스

©Getty Images Bank

 유칼립투스는 집중력 향상에 좋으며, 혼란스러운 마음을 진정시키고 피로 해소에 도움을 주어 수험생들에게 인기가 좋습니다.
 유칼립투스에 함유된 '시네올'이라는 성분은 항균 작용을 하므로 가벼운 상처나 기관지염 등의 호흡기 질환에 천연 치료제로 쓰이기도 합니다.

3) 페퍼민트

©Getty Images Bank

　공기를 맑고 깨끗하게 해줄 뿐만 아니라 박테리아나 세균을 없애주어 감기를 예방해줍니다. 정서적으로 활기차게 해주고, 다른 향과 함께 있을 때 더욱 시너지 효과를 낸다는 연구 결과가 있습니다.

　이 밖에도 칼랑코에나 싱고니움, 푸밀라 등과 같은 식물들도 성장하는 아이들에게 피로를 덜어 편안함을 주며, 집중력 향상에 도움을 줍니다.

　식물의 향기를 이용하여 스트레스를 해소하거나 심신을 안정시키는 것을 향기 요법 또는 아로마테라피(aromatherapy)라고 합니다.
　아로마 향은 직접 만들어 사용하기도 하고, 시중에 파는 아로마 오일을 이용하기도 합니다.

자주 접하는 아로마 몇 가지를 소개하자면 다음과 같습니다.

오렌지 스위트: 식욕 증진 작용

로만 카모마일: 진정 작용, 진통 작용

그레이프프루트: 식욕 증진 작용

샌달우드: 진정 작용, 수렴 작용, 강장 작용, 소독 작용, 항염증 작용

티트리: 면역 활력 작용, 살균 작용, 소독 작용

페퍼민트: 살균·항균 작용, 건위 작용

유칼립투스: 살균 작용, 소염 작용, 진통 작용, 거담작용,
  항바이러스 작용

라벤더: 진정 작용, 면역 활력 작용, 살균 작용, 소독 작용, 진통 작용,
  세포 성장 촉진 작용

레몬: 소독 작용, 살균 작용

레몬그라스: 식욕 증진 작용, 소염 작용 등

장미: 수렴 작용, 자궁 강장 작용

로즈메리: 수렴 작용, 이뇨 작용, 자극 작용, 두뇌 명석 작용, 발한 작용

지금까지 여러 가지 향기들과 효능에 대해 알아보았습니다. 우리 생활의 여러 곳에서 향기를 사용하고 있지만, 정작 어떻게 써야 하는지 잘 알고 사용을 하는 경우는 드문 편입니다. 향기를 사용할 때에는 여러 가지 변수가 있어서 아이의 기질과 성격을 잘 살펴야 하고, 건강 상태도 잘 살핀 후에 사용하는 것이 좋습니다. 우리 아이에게 맞는 아로마 향을 잘 선택하려면 우리 부모님의 관심과 지혜가 필요합니다.

아이와 함께 좋아하는 것을 찾고 묻고 하는 과정에서 아이의 정서까지 편안하게 만들 수 있는 시간이 됩니다. 좋은 환경은 아이의 정서를 편안하게 함과 더불어 공부의 집중력을 높여주는 역할을 하므로 매우 중요합니다.

6. 공부방에 도움이 되는 식물들

©Getty Images Bank

　우리나라는 미세먼지 발생이 날이 갈수록 심각해지는 상황입니다. 미세먼지에 장기적으로 노출될 경우 어린아이들의 성장이나 뇌 발달을 저하시킬 수 있습니다.

　미세먼지는 습도와 결합했을 때 심각한 대기오염을 유발하게 됩니다. 최근 국가 차원에서도 미세먼지 예방 대책을 다양한 방향으로 강구하고 있지만, 해결이 쉬운 상황은 아닙니다.
　이러한 상황으로 인해 각각의 가정에서는 공부방뿐만 아니라 집안의 곳곳에 공기청정기와 공기 정화에 도움이 되는 식물을 배치합니다.

공부방의 공기 정화에 도움이 되는 식물은 어떠한 것들이 있을까요? 위에서 언급한 것 중 로즈메리는 공기 정화 효과에도 탁월합니다.

로즈메리는 허브의 한 종류로 특유의 향이 있어 방향제로도 많이 쓰이는데요. 주로 음이온을 발생시키며 이산화탄소를 흡수하여 두뇌를 맑게 해줍니다. 또한, 스트레스 감소 및 기억력 증진에도 좋은 역할을 합니다.

행운목은 실내의 미세먼지를 잡아주고 공기 정화 역할을 합니다. 미세먼지로 인해 우리 아이들의 건강이 위협받고 있는데요. 맑은 공기를 만들어주기 때문에 아이들의 기관지에 아주 좋은 역할을 합니다. 또한, 실내 유독 물질 제거에도 탁월한 능력이 있어서 새집에 행운목을 많이 선물한다고 합니다.

스투키는 포름알데히드, 아세톤, 크실렌 등의 실내 화학물질을 제거하는 데 뛰어난 능력이 있습니다.

공기 정화 능력이 다른 식물 대비 3배가량 높으며 몸에 해로운 전자파도 차단해주기 때문에 공부방에 두면 굉장히 만족스러운 식물입니다. 또한, 물을 자주 주지 않아도 잘 자라기 때문에 공부방에서 손쉽게 기를 수 있다는 장점이 있습니다.

Chapter 02

부족한 2% 풍수를 활용하라

1. 풍수가 뭐기에?!

ⓒGetty Images Bank

풍수는 바람을 막고 물을 얻는다는 뜻인 장풍득수(藏風得水)를 줄인 말로, 생명을 불어넣는 지기(地氣: 땅 기운)를 살피는 것입니다.

풍수는 바람과 물을 생활 속으로 끌어들여 해석하는데, 산세(山勢)·지세(地勢)·수세(水勢), 즉 산의 모양과 기, 땅의 모양과 기, 물의 흐름과 기 등을 판단하여 이것을 인간의 길흉화복에 연결해 생활하는 것을 의미합니다.

풍수는 토속신앙의 수준을 넘어서는 것으로 현대에 와서는 풍수에 대한 과학적인 접근을 위해 산수, 좌향(놓인 방향), 운기(運氣) 등을 체계적으로 연구하고 있습니다.

> You dont have to Believe in Feng Shui For It To Work. I Just Know It Brings Me Money.
> — Donald Trump —

　미국의 대통령 도널드 트럼프는 평소 풍수에 대해 이런 말을 자주 했다고 합니다. "굳이 풍수를 믿어야 할 필요는 없다. 나는 풍수를 이용한다. 왜냐하면, 풍수가 돈을 벌어다 주기 때문이다." 미국의 대통령이 동양 사상인 풍수에 관해 이야기한 것이 이색적인데요. 트럼프의 풍수에 대한 생각은 실용적인 것 같습니다.

　이렇듯 트럼프가 많은 풍수사의 자문을 받아 부동산에 투자해 큰돈을 번 것은 많이 알려진 사실입니다.

2. 우리 집 풍수는 몇 점?

　사람들은 살고 있는 집이 편하고 일이 잘 풀리면 이사 갈 생각을 안 하게 되고, 되는 일이 없고 정이 안 가는 집에 살면 이사를 고려하기도 합니다.

　그러나 풍수지리에 맞는 좋은 집을 찾는 일은 쉽지 않습니다. 원하는 지역과 자금 사정에도 맞아야 하고, 방의 개수며 학군이며 여러 조건을 충족하면서 풍수에도 맞는 집을 찾기란 쉬운 일이 아님이 분명합니다.

　또한, 풍수가 좋은 집을 구하기 힘든 이유는 풍수가 좋은 집에 사는 사람들이 이사를 잘 하지 않기 때문입니다. 이는 주변에도 어렵지 않게 발견되는데, 아파트에서 어느 동의 라인은 이사가 잦고 사는 사람이 바뀌는 반면, 어느 동의 라인은 매물이나 전월세가 잘 나오지 않기도 합니다.

　비슷한 예로 같은 지역의 상가라고 해도 유독 주인이 자주 바뀌고 업종도 자주 바뀌는 가게가 어느 동네에나 꼭 하나쯤 있습니다.

3. 풍수, 믿지 말고 현명하게 이용하자

 내 아이에게 가장 좋은 환경을 제공하고 싶은 부모의 마음은 예나 지금이나 변함이 없습니다.

 강남 학군의 분위기와 대치동 학원가 이야기를 들어보면 "맹모삼천지교(孟母三遷之敎)"의 가르침은 여전히 진행형입니다. 이렇게 환경적으로 최상의 조건을 만들기 위해 노력했던 맹자 어머니의 교훈과 함께 풍수적인 지식까지 이용하여 내 아이에게 맞는 최상의 공부 환경을 제공해주는 현명한 부모가 되어볼까요?

 자, 지금 우리 아이의 방을 한번 둘러보세요.
 아이의 방은 아이들의 성적과도 연관되어 있으며, 아이의 공부방 환경에 따라 성격이나 재능이 달라질 수도 있습니다. 적성을 파악하고 성격을 형성하는 시기의 초등학생뿐 아니라 청소년기의 아이들도 환경적 요인에 의해 정신적, 신체적으로 매우 민감한 반응을 보일 수 있습니다.

이런 아이들에게 공부방 환경은 매우 중요합니다. 공부방에 풍수적 지식을 이용하는 것은 믿음의 문제가 아니라 풍수를 이용하여 현재의 문제점과 한계를 극복하는 하나의 방법인 것입니다.

4. 공부방 환경을 풍수로 마무리하자

©Getty Images Bank

　풍수 인테리어는 내 집에 좋은 기운이 돌도록 꾸미는 것으로, 풍수지리의 지형지세를 분석하던 것을 실생활에 접목하여 생기를 가까이해서 복을 들이고, 화를 멀리하도록 하는 것이 핵심입니다.

　옛말에 "운칠기삼"이라는 말이 있습니다. 운이 7이면 기가 3이라는 말인데, 노력뿐만 아니라 좋은 운과 기운도 우리가 사는 데 필요해 보입니다.
　공부방 풍수는 부족한 부분을 풍수 인테리어로 보완하거나 합당한 대처 방법을 선택해서 우리 아이에게 나쁜 기운은 막아주고, 좋은 기운을 불러들이는 지혜입니다.

우선, 우리의 집에서 가장 좋은 위치, 방에서 가장 좋은 곳에 책상의 자리를 잡아주어 학습 의욕을 올려주고, 신체 컨디션을 최대로 높여주는 것이 필요합니다.

북향이나 동북향의 방은 기운 자체가 맑고 서늘하여 공부에 집중하는데 도움이 됩니다. 햇볕이 적게 들어 비교적 온도 변화가 적으며, 아이의 체온이 일정하게 유지하고, 시력을 유지하는 것에도 도움이 됩니다.

최근의 교육 현실을 볼 때 학원에서 늦게까지 공부하다 집에 와서 휴식을 취하는 경우가 많으므로 아이의 방은 안정되고, 편안하게 숙면할 수 있는 환경이 중요합니다.

침대는 출입문과 대각선으로 마주 보는 것이 좋습니다. 또한, 침대는 벽과 조금 떨어져 위치하는 것이 좋은데, 이는 건축 구조상 벽에 들어있는 철근이 가지는 자체 파장의 영향이 있기 때문입니다. 또한, 전자제품의 위치도 휴식을 취하는 곳에서 좀 떨어져 있는 것이 좋습니다.

공부방 창문에는 두꺼운 커튼을 달아 방안에 모인 기운이 빠져나가지 않도록 하는 것도 중요합니다.

다음은 풍수 인테리어의 기본적인 사항을 생각해볼까요?

1) 청결과 단순성

풍수 인테리어의 기본도 역시 청결과 정리 정돈입니다. 집 안에 신선하고 밝은 기운을 흐르게 해서 쾌적한 환경, 건강한 환경을 만들어줌과 동시에 청결하고 가지런한 정리는 기본입니다. 마구 어지럽혀진 방에서는 공부하기 힘들겠죠? 어느 집이나 사용하지 않는 잡동사니가 많이 있습니다. 좋지 않은 기운을 청소와 정리 정돈을 통해 내보내고, 환기도 자주 하여 좋은 에너지가 들어올 수 있도록 해야 합니다.

2) 올바른 배치를 통한 편안한 환경

　수험생의 방은 집중력을 높여주는 북쪽에 위치하는 것이 좋습니다. 다만, 아이가 침울하고 활달하지 않거나 예술적 재능이 풍부하면 집의 중심에서 남쪽에 해당하는 곳에 공부방을 마련하는 것이 좋습니다. 심성이 여리거나 허약한 아이는 안정감이 들도록 현관에서 가장 멀리 떨어진 안쪽 방에 공부방을 만드는 것이 좋습니다.

　침대는 방문에서 볼 때 대각선 방향으로 두고, 머리는 동쪽이나 남쪽을 향하게 합니다. 침대나 책상이 문에 닿지 않도록 배치하고, 방문을 등지게 책상을 놓으면 편협한 성격이 형성될 수 있습니다. 책상은 철제나 만화 등 그림이 프린트되어 있는 것은 피하고, 앞서 말씀드린 대로 책상 위에 유리는 깔지 않는 것이 좋습니다.

3) 집중하기 위해 가장 좋은 방의 위치는?

　음양오행학적으로 수기가 강하므로 지적인 기운이 가장 강한 방향은 북쪽입니다. 북쪽은 수험생 방으로 완벽하며, 찬 기운의 영향으로 집중력과 사고력이 최대치로 끌어올리는 방향이므로 공부를 위해서는 최적의 방향입니다.

　여름 태생의 아이들에게는 화기를 눌러주어 좋은 위치이기도 합니다. 북동쪽의 적당히 찬 기운은 집중력을 향상하고 판단력을 발달시킵니다. 공부하기에는 좋은 방향이지만, 이곳에서 오랜 시간을 보내면 자신에게만 몰입해 주변과 분리될 수 있으니 부모의 관심이 적절히 필요합니다.

5. 아이 유형별 공부방 풍수 인테리어

©Getty Images Bank

1) 창의력을 키우는 방

저학년 아이의 방은 창의력을 높이는 방향으로 꾸며주면 좋습니다. 긍정적인 사고방식을 가질 수 있도록 밝고 화려한 색상의 가구와 아기자기한 소품으로 방 안을 꾸미고, 방의 중심에서 남쪽에 밝은 스탠드를 설치하면 남쪽의 밝고 긍정적인 기운을 받을 수 있습니다. 책상은 짙은 컬러 원목 소재가 좋고, 침대 역시 곡선미가 강조된 원목 제품을 사용하며, 커튼은 전체적으로 밝은색을 고릅니다.

2) 책임감이 높아지기 위한 방

전반적으로 차분한 느낌이 들도록 꾸미는 것이 좋으며, 푸른색 계통은 신뢰를 상징하는 색으로 푸른색 소품이나 인형으로 포인트를 주면 결단력이 좋아지고, 스스로 책임을 다하려는 의지가 생긴다고 합니다.

유리로 만든 제품은 과거를 회상하는 기운을 강하게 하므로 미래보다는 과거, 결과보다는 원인을 생각하면서 매사에 책임을 회피하는 성향을 만듭니다. 물을 가까이하는 것도 좋지 않으므로 어항이나 큰 화병은 놓지 않는 것이 좋습니다.

3) 집중력을 높이는 방

집중력을 높이기 위해서는 녹색 계열 인테리어가 효과적입니다. 녹색과 잘 어울리는 밝은 색상이나 차가운 느낌의 푸른색 계열을 활용하고, 빨간색이나 노란색 등 강렬한 색은 아이 집중력을 분산시키므로 피하는 것이 좋습니다.

방 안의 채광이 좋지 않을 때는 창가에 꽃을 장식하거나 관엽식물을 둡니다.

수납 가구는 바퀴가 달려서 이동하기 편한 제품을 마련하면 자유로운 공간 활용이 가능해집니다.

집중력을 높이기 위한 공부방 풍수 인테리어를 위해서 책상을 배치할 때는 책상에 앉아서 방문을 열었을 때 옆모습이 보이도록 책상을 배치하는 것이 가장 좋습니다. 또한, 가구나 가전제품은 최소화하여 불필요한 물품은 두지 않는 것이 집중력을 유지하는 좋은 방법입니다.

4) 친구 관계 좋은 아이가 되는 방

파스텔 톤으로 밝고 화사하게 방을 꾸미면 아이가 친구들을 방으로 불러들이게 되어 자연스럽게 사람들과의 친밀도가 높아집니다.

방을 꾸밀 때 부드럽고 따뜻한 색상으로 조화로운 분위기를 만들며, 아이가 우울해 하거나 어울리기 싫어하면 커튼을 밝고 화려한 색상과 디자인으로 바꾸어줍니다.

창문 주변에 빨간 꽃을 장식하고 관엽식물을 함께 놓으면 창문으로 들어오는 태양의 기운을 한 번 걸러줘 부드럽고 편안한 기운을 받을 수 있다고 합니다.

내성적인 아이에게 검은색이나 어두운색이 들어간 가구는 피하는 것이 좋습니다. 부끄러움을 많이 타는 아이가 검은색 기운을 받으면 더 폐쇄적이 될 수 있으니 주의하시기 바랍니다.

5) 똑똑한 아이가 되는 방

책상이나 책장, 옷장 등은 원목 소재를 고르고, 통일감이 느껴지는 세트 제품을 선택합니다. 침대는 동쪽을 향하도록 배치하면 동쪽에서 뜨는 태양의 좋은 기운을 흡수해 머리가 맑아집니다.

책장에 책을 주기적으로 정리해주고, 책장에는 여백을 두어 너무 꽉 찬 느낌을 주지 않도록 합니다.

6) 자립심 강한 아이가 되는 방

자립심이 강한 아이로 키우려면 흐트러짐 없는 깔끔하고 정돈된 방이 필요합니다. 아이 방이 어수선하면 아이가 변덕을 부리거나 어리광을 피울 수 있으므로 항상 정리 정돈을 하게 합니다.

아이가 갖고 놀던 장난감은 바로바로 치우고 수납 바구니를 방 안에 놓아 아이 스스로 정리할 수 있도록 하는 것도 자립심을 키우는 방법이 될 것입니다.

7) 성적이 쑥쑥 오르는 방

책상에 앉았을 때 TV나 컴퓨터가 보이면 공부에 집중할 수 없으므로 반드시 눈에 띄지 않는 곳에 배치합니다.

만약 컴퓨터를 방 안에 두어야 한다면 컴퓨터는 목(木)의 기운이 있으므로 방의 동쪽이나 동남쪽에 놓으면 공부와 노는 것을 자연스럽게 분리할 수 있다고 합니다.

장난감이 나와있으면 정신이 모두 그곳으로 쏠리게 되어 공부에 집중할 수 없게 되므로 사용하지 않을 때는 반드시 보이지 않는 곳에 수납하게 하고, 이때 수납 박스는 뚜껑이 있는 목재나 등나무로 된 것이 좋습니다. 플라스틱 제품은 아이들의 운을 저하시키므로 피하는 것이 현명합니다.

6. 풍수에 어울리는 그림

©Getty Images Bank

집에 두는 소품으로 인해 집안 분위기는 확확 변신하기도 하죠. 좋은 의미를 담고 있는 그림으로 집안 분위기를 함께 바꾸어보면 어떨까요?

1) 공부방의 그림

재미있는 것은 1등의 기가 나오는 그림을 아이의 방에 걸어두라고 하는데, 동양화 중에서 게와 오리의 그림은 대체로 과거시험에 장원급제를 기원하는 그림이라고 합니다.

또한, 아이 방에 금붕어 그림을 붙여주는 것도 좋다고 하는데, 그것은 금붕어가 눈을 뜨고 잠을 자니 밤을 새워 공부하라는 상징이라고 하네요.

2) 해바라기 그림과 노란색

해바라기 그림은 행운과 돈을 가져다주는 의미를 간직하고 있는 그림이고, 노란색은 긍정적인 의미를 담고 있습니다. 노란색은 진하고 강한 것이 더욱 좋습니다.

3) 물과 산 그림

물과 멀리 산이 보이는 그림은 편안한 분위기로써 풍수지리의 기운을 상승시키고, 재물운을 좋게 해주는 의미를 담고 있습니다.

다만 빠르게 흐르는 물보다는 고여있는 물의 그림이 좋습니다.

4) 꽃과 나무 열매 그림

거실에 화려한 꽃, 큰 나무 그림이 있으면 풍수지리적으로 좋은 기운을 불러옵니다. 특히 붉은 꽃은 창의력을 상승시키고, 합격 혹은 승진 등의 좋은 기운을 불러옵니다.

열매를 수확하는 그림은 보는 이의 마음까지 뿌듯하게 합니다.

7. 동서남북, 내 아이에게 맞는 방향을 찾아라

ⓒGetty Images Bank

1) 자립심이 강하게 키우고 싶다면? – 동쪽

　해가 뜨는 방향인 동쪽의 공부방은 태양의 기운을 받아 역동적인 기운과 굳건한 심지를 기를 수 있는 방향입니다.

　태양이 가지고 있는 포용력과 따뜻함이 아이에게도 전달될 수 있습니다. 해가 가장 먼저 들어오는 방향이므로 일찍 일어나야 할 때에도 도움이 되어 막 등하교를 시작하는 나이의 아이들이 습관을 들이는 데도 좋습니다.

　신경 전달 물질인 세로토닌이 충분히 만들어질 수 있어 긍정적인 마음가짐을 가질 수 있으며, 정서적으로 건강합니다. 겨울 태생의 아이들에게 좋은 위치이기도 합니다.

2) 건강하게 키우고 싶다면? – 동남쪽

동쪽에서 오는 태양의 기운과 남쪽에서 오는 바람의 기운을 받아 건강하고 밝은 기운을 모두 줄 수 있는 방입니다.

온기가 있어서 겨울 태생의 아이들에게 더 좋은 위치이기도 하며, 성격이 차분하고 내성적인 아이에게 좋을 수 있습니다. 성장기의 아이 방으로는 더욱 좋은 위치라 하겠습니다. 하지만 성격이 밝고 산만한 아이는 마음이 더 산만해질 수 있으니 주의해야 합니다.

3) 정서적으로 행복하게 키우고 싶다면? – 서쪽

해 질 녘의 따스함과 저녁노을의 화려함을 마주할 수 있는 방으로 애정이 많고 상냥한 기운을 북돋워 주는 방향입니다.

> **상식이 되는 생활 풍수 인테리어**
>
> 1) 현관의 풍수 인테리어
>
> 우선 집의 기운이 들고 나가는 가장 중요한 현관은 밝고 깨끗해야 합니다. 집에 들어서자마자 보이는 곳이기 때문에 현관의 느낌이 매우 중요하며, 커다랗고 화사함을 주는 그림을 두는 것도 좋다고 합니다.

북쪽의 현관은 밝고 따뜻한 이미지로 꾸미는 것이 좋습니다. 어두운 현관은 좋은 기운이 들어올 수 없으니 풍경을 달아 에너지의 기운을 밝게 조성하는 것이 좋습니다.

길고 좁은 복도나 입구 통로는 조명을 비춰주거나 밝은색의 그림을 걸어두는 것이 좋습니다. 현관은 재산, 건강 등이 들어오는 길이기 때문에 신경 쓸 필요가 있습니다.

2) 침대, 소파, 책상은 가장 좋은 방향에 배치해야 합니다. 창문은 생기를 받아들이는 통로이기 때문에 다른 물건을 쌓아두거나 막으면 안 됩니다. 잠을 자는 침대 아래 수납공간을 만들어주는 것은 풍수적으로 잠을 잘 때 공간의 기운을 흡수하게 되어 좋습니다. 침대 아래 수납은 가급적 좋은 기운이 배어있는 의류 종류로 하는 것이 좋습니다.

3) 거울은 현관이나 방문을 열었을 때 정면에 두면 들어오는 기운을 반사하기 때문에 두지 않는 것이 좋습니다. 집에 빈방이 있다면 빈방을 그대로 두지 말고, 자주 방문을 열어주고 문을 가끔 열어둬 기의 순환을 원활히 할 필요가 있습니다.

4) 냉장고와 전자레인지를 가까이 두면 좋지 않은데, 전자레인지의 화기와 냉장고의 냉기가 충돌하므로 흉한 작용을 일으켜 주부가 불필요한 지출을 많이 하게 된다고 하네요.

냉장고는 동쪽에, 전자레인지는 북쪽에 설치하는 것이 좋고, 두 제품을 같은 방향에 설치한다면 반드시 주변에 식물을 두는 것이 좋다고 합니다.

5) 수족관을 두면 교재운이 나빠지는 반면 금전운은 좋아진다고 합니다. 만약 수족관을 설치하고 싶다면 남동쪽이나 남쪽을 향하면 좋습니다.

6) 어느 방향에 두어도 행운의 힘을 부르는 것은 꽃 그림이라고 합니다. 가족사진 역시 풍수로 볼 때 가장 좋은 아이템이며, 현관에서 바라보이는 곳에 걸어두는 것이 좋습니다.

7) 재물을 모으고 싶으면 동남향에 붉은 소품을 다는 것이 좋습니다. 또 거실의 북동쪽에 꽃이 그려져있는 엽서나 작은 그림을 놓는 것도 좋은데, 이때 북동 방향과 잘 맞는 흰색 액자에 끼워 장식하는 것이 좋습니다.

8) 침실에 전자 제품을 두면 기의 흐름을 방해하기 때문에 잠을 깊이 잘 수 없습니다. 잘 자고 싶다면 청색 계열의 도자기나 머그잔을 머리맡에 두면 됩니다. 이때 베개 커버도 청색이면 더 좋습니다.

9) 거실에 관엽식물 한 그루는 키워야 합니다.

　전체적인 행운을 높이려면 거실에 관엽 식물을 많이 놓는 것이 좋습니다.

특히 햇볕이 잘 들지 않거나 구석진 곳에 놓는 것이 중요하며 큰 화분이라면 1개, 작은 것이라면 3개 정도가 적당합니다.

거실에 관엽식물이 한 그루도 없는 집은 운기가 마르기 쉬우며, 관엽식물이 마르면 더 좋지 않으므로 물을 자주 주고, 잎의 먼지도 닦아 내어 줍니다.

맺음말

공부 환경이란 아이들의 학습에 영향을 미치는 물리적, 심리적 환경을 모두 말합니다. 아이들의 학습을 효과적, 능률적으로 하기 위해서 공부 환경이 중요하다는 것은 말할 나위가 없습니다.

공부 환경이 좋으면 학습 의욕이 향상되고, 학력의 향상도 기대되며, 아이들의 성장 발달이나 행동 및 성격의 형성에도 바람직한 조건을 제공하게 됩니다.

공부 환경에 따라 아이들의 집중력이 달라질 수 있음을 공부 환경 컨설턴트를 하면서 확인할 수 있었습니다. 공부 환경의 중요성에 대해서는 학부모 모두가 공감합니다. 그러나 잘 알면서도 공부 환경을 만들지 못하고 너무나 중요한 시기를 지나쳐버리는 경우가 많습니다.

공부방은 아이들이 가장 오랫동안 머무르는 공간입니다. 그러므로 공부가 하고 싶은 공간으로 조성되어야 합니다. 아이들이 방에서 지내는 동안 공부에 대한 흥미를 느껴야 하고, 학습 분위기를 지속해서 유지 할 수 있어야 하기 때문입니다.

최적의 공부방이 조성되면 공부에 대한 아이들의 자세가 능동적으로 바뀝니다. 생각의 방을 확장시킬 수 있고, 잠재되어있는 능력도 끌어올릴 수 있게 됩니다.

옛말에 "콩 심은 데 콩 나고, 팥 심은 데 팥 난다."라는 말이 있습니다. 이렇듯 아이들의 공부 환경은 부모의 관심 속에 충분히 바뀔 수 있습니다.

부모는 아이들이 능동적이고 자발적인 공부를 할 수 있도록 환경을 조성해야 하고, 아이들 스스로 능력과 잠재력을 최대한 발휘할 수 있도록 도와주는 조력자가 되어야 합니다.

아이들의 공부 성향에 맞는 잘 꾸며진 공부 환경은 아이가 공부하는 데 방해되는 요소들을 제거하고, 학습에 대한 동기가 생기게 할 수 있어야 하며, 스스로 탐구하는 분위기를 조성하여야 합니다.

이러한 공부 환경에서 공부할 수 있음은 장차 아이들의 미래는 물론, 국가적인 차원에서 사회·경제적인 향상에 도움이 되고, 사회 구성원 모두가 더욱 성장할 수 있는 바탕이 될 수 있을 것입니다.

끝으로 이 책을 펴내는 데 도움을 주신 생각나눔 출판사와 책을 함께 쓴 10명의 공부 환경 컨설턴트 분들께 진심으로 감사의 말씀을 드립니다.

앞으로 이 책이 학부모와 학생들 모두에게 도움이 되어, 지향하는 목표를 성취하는 데 밑거름이 될 수 있기를 진심으로 기원합니다.

공부환경조성

우리 아이들에게 공부방법만큼 중요한 것이 **공부환경**입니다.

올바른 공부환경을 조성해 주는 것이 **집중력 향상**은 물론
공부습관까지 잡을 수 있는 **중요한 핵심요소** 입니다.

집중력 향상
아이의 특성과 성향을 분석하여 공부에 방해되는 요소 제거

성적 향상
높아진 집중력과 안정된 심리로 스스로 공부하고자 하는 내적동기를 강화

긍정적 인성 함양
아이의 심리상태가 반영된 공부환경으로 안정적이고 긍정적인 인성 형성

공부환경의 모든 요인을 분석하여
우리 아이에게 딱 맞는 **공부환경을 컨설팅** 합니다.

가구배치
창문, 방문, 빛을 고려한 배치

색상설계
아이의 성향에 맞는 색상을 선택해 집중력 향상 도모

심리진단
공부환경유형 진단검사를 통해 아이의 심리를 반영한 공부방 조성

환경정리
공부를 방해하는 요소를 없애고, 효과적인 학습 분위기 조성

풍수진단
풍수감정서를 통하여 최적의 공부방을 선택하고 가구 배치

l 공부환경 조성 사례

강 연

아이의 특성과 성향에 맞는 공부환경조성을 위한
공부방 꾸미기 달인되기 강연

Part.01 인식
공부를 잘하는 아이의 공부방에는 특별한 비밀이 숨겨져 있다.

Part.02 공유
우리 아이 공부 잘하게 하는 색상은 따로 있다.

Part.03 나눔
집중력이 높은 아이에게는 특별한 비법이 있다.

Part.04 실천
엄마가 제대로 알고 행하면 아이는 변한다.

공부를 하는 주체는 바로 **아이**입니다.
아무리 좋은 **선생님**, **부모의 재력과 정보력**이 뒷받침된다고 하더라도
아이의 공부를 대신해줄 수는 없습니다.
그래서 **스스로 공부하는 환경**을 조성해주는 것이 무엇보다 중요합니다.

스터디룸스 "공부방 꾸미기 달인되기" 강연을 통해
내 아이 맞춤형 공부환경 조성 노하우를 알아보세요.

📞 02-6010-0089
studyrooms.co.kr